WORD 365

PUBLIPOSTAGE

& INSERTIONS

AUTOMATIQUES

Exercices et corrigés

RÉSUMÉ

Résumé de cours et exercices corrigés sur les fonctionnalités du publipostage, des insertions automatiques et de la gestion des documents longs.

SGH
Formation
Word 365
Publipostage
& insertions
automatiques

Contact :

SGH

L'atelier
8 rue des Hardrevins
79300 BRESSUIRE
06.17.70.86.52
sghformation@outlook.fr
SIRET 801 471 616

Les fichiers de travail pour vos exercices sont à demander par courriel
sghformation@outlook.fr

Sommaire

PUBLIPOSTAGE OUTILS

Le publipostage permet de créer des documents en lot, tels que des courriers, des enveloppes, des étiquettes, des courriels. Chaque document sera identique dans sa mise en forme, mise en page, à l'exception des parties personnalisées comme les coordonnées postales, les formules de politesse, les accords de genre et de nombre. La conception des documents repose sur une base de données créée pour le document, extraite d'un logiciel professionnel, issue d'une base préalablement créée. Des champs dit de fusion seront insérés dans le document créé lors de la génération du publipostage autant de documents seront créés qu'il y aura d'enregistrement dans la base de données.

Le ruban publipostage

Par défaut le ruban ne comprend qu'un certain nombre de fonctions activées avant la création du document.

Le groupe « créer »

Les enveloppes

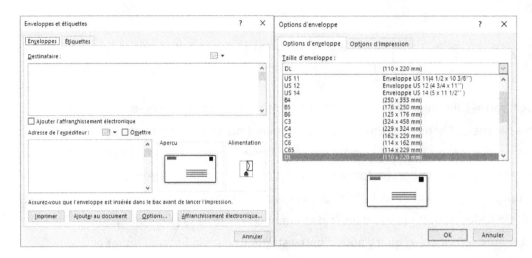

La commande enveloppe du groupe « créer » permet de choisir dans les options de la boite de dialogue la taille de l'enveloppe désirée. Dans le cadre destinataire la saisie des coordonnées du destinataire, tout comme celles de l'expéditeur dans le cadre dévolu, permettront l'impression d'une enveloppe propre et professionnelle. Par contre l'utilisation de ce premier groupe ne permet pas de créer un lot d'enveloppes avec des destinataires multiples. Cette commande qui fait partie du ruban « publipostage » n'est qu'un outil de mise en forme pour un document unique.

L'icone se trouvant en haut à droite de la partie destinataire permettra si le logiciel de messagerie « Outlook » est installé de récupérer des adresses de contacts enregistrées dans la partie contacts.

Le bouton nouveau document ouvrira une nouvelle feuille Word correspondant à votre choix et permettra de personnaliser votre saisie et de l'imprimer, je vous conseille ce passage car il permet de visualiser votre travail avant de lancer l'impression.

Les étiquettes

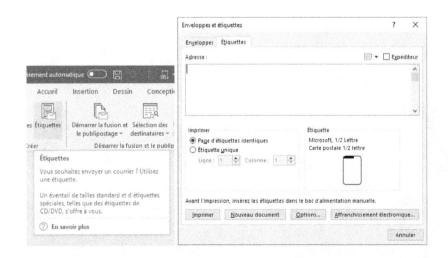

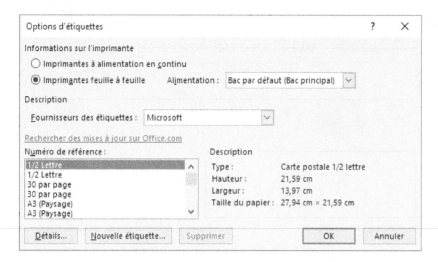

Tout comme pour les enveloppes il faut déterminer le type d'étiquette voulue, soit en fonction des étiquettes autocollantes ou des cartes de visite que vous avez en votre possession, sachant que normalement les tailles sont indiquées et que les paramètres pour régler les espacements entre les étiquettes sont définis également. Si votre étiquette n'existe pas il est possible de la créer via le bouton « nouvelle étiquette ». Comme pour l'enveloppe il s'agit d'une fonction permettant de créer une étiquette ou une série d'étiquettes identiques, avec cet outil il n'est pas possible de créer des étiquettes d'un contenu différent simultanément.

Une fois le choix effectué, vérifiez les indications d'impression et validez votre choix.

De retour dans la première boite de dialogue choisir s'il s'agit d'une seule étiquette et alors préciser sa position dans la feuille si besoin, cela permet de réutiliser une page d'étiquettes commencée, ou si c'est une page entière d'étiquettes identiques. Le bouton nouveau document ouvrira une nouvelle feuille Word et permettra de remplir vos étiquettes, un copier-coller permet de reproduire le contenu de la 1ère sur les suivantes, de les personnaliser avant de lancer l'impression, je vous conseille ce passage car il permet de visualiser votre travail avant de lancer l'impression.

Le groupe « démarrer la fusion et le publipostage »

Démarrer la fusion et le publipostage

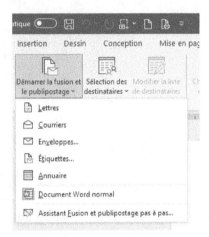

Le sous-menu du bouton « démarrer la fusion... », permet de choisir le type de document qui va servir de base, donc de « document type » ou de « modèle de document » pour l'envoi en nombre prévu. Cette commande génère un document vierge :

- **Lettres** : ouvre un document Word en mode affichage page, qui fait donc apparaitre les marges, les entêtes et pieds de page, les règles.
- **Courriers** : ouvre un document Word en mode Web, seule la règle horizontale est présente, ce type de mise en page permet de préparer des messages qui seront envoyés en tant que **courriel**.
- **Enveloppe** : ouvre la boite de dialogue permettant d'opter pour un format d'enveloppe.
- **Etiquettes** : ouvre la boite de dialogue permettant d'opter pour un format d'étiquette.
- **Annuaire** : ouvre un document de type courrier.
- **Document Word Normal** : ouvre le document Word par défaut du logiciel
- **Assistant fusion et publipostage pas à pas** : ouvre un volet de navigation à droite de l'écran et apporte une aide étape par étape pour finaliser le publipostage désiré.

Sélection des destinataires

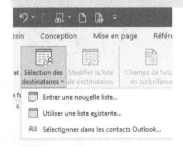

Cette commande permet de relier le type de document choisit, pour créer un envoi en nombre, à la base de données contenant les informations utiles.

- **Entrer une nouvelle liste** : cette commande permet de créer une base de données de format Access (extension *.mdb soit un format liste d'adresses Microsoft). Il s'agit en fait d'une liste d'adresses. Cette liste pourra être ouverte uniquement à partir d'Access et non pas de Word, ce qui pose un problème dans le cas où l'ordinateur n'est pas équipé du logiciel.

La modification des colonnes se fait en utilisant « personnaliser les colonnes », l'ajout d'informations par « nouvelle entrée » et la suppression par « supprimer l'entrée »

La validation de la saisie de la liste ouvre une boite de dialogue permettant d'enregistrer la saisie

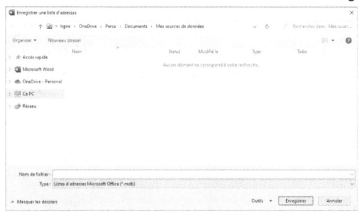

Le dossier d'enregistrement est celui dans lequel par défaut Microsoft enregistre les bases de données, il est bien entendu modifiable.

Utiliser une liste existante : une base de données contenant les informations a déjà été réalisée, elle peut être sélectionnée pour servir à constituer le publipostage. Le format de la base doit être compris et accepté par Word, le choix est large dans les formats compatibles.

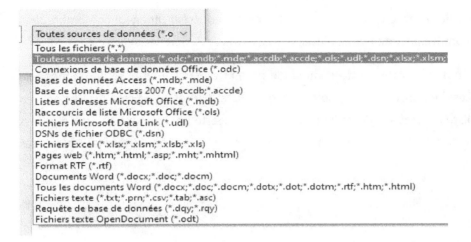

Les bases reconnues sont donc issues soit de logiciels de la suite Office (Access, Excel, Word sous forme de tableau), de page Internet, de fichiers issus de logiciels libres comme Open Office, de fichiers RTF, soit de fichiers issus de Microsoft.

Les bases les plus récurrentes sont en format Excel, soient créées par l'utilisateur, soient issues d'une exportation d'un logiciel professionnel, ce qui permet un travail préalable facilité sur le contenu si besoin. La base créée sous Excel doit comporter une ligne de titre dans la 1ère ligne de la feuille Excel où il faut nommer la plage de cellule dans la feuille Excel pour que Word puisse reconnaitre le contenu de la feuille comme une base de données.

- **Sélectionner dans les contacts Outlook** : dans le cas où la suite Office présente sur le poste de travail comprend Outlook il est possible d'extraire les contacts et leurs informations pour constituer un publipostage.

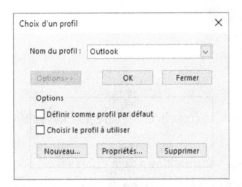

Sélection du profil à utiliser avec les contacts correspondants.

Ouverture de la boite de dialogue avec les contacts à utiliser, possibilité de sélectionner, de trier, d'appliquer des filtres sur la liste des contacts.

Une fois la base créée, sélectionnée, la 3ème commande du groupe s'active.

Modifier la liste des destinataires :

Cette fonctionnalité ne s'active que si une liste a été créée ou sélectionnée. Elle permet de créer des filtres sur les colonnes contenant les informations, ce qui réduit la liste originale aux seuls enregistrements correspondants aux critères définis préalablement.

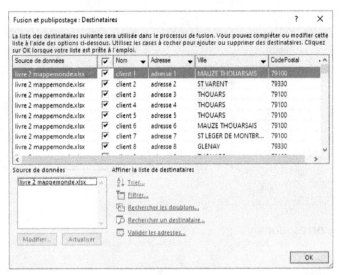

Les filtres situés en haut de chaque colonne vont permettre de définir les résultats en fonction des critères (ville, code postale, date, etc...)

Le groupe « champs d'écriture et d'insertion

Ce bloc s'active uniquement si une base de données a été sélectionnée ou si le document ouvert est déjà un document de type publipostage.

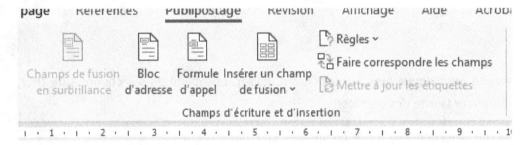

Champs de fusion en surbrillance

Une fois les champs insérés dans le document il est intéressant de les mettre en surbrillance afin de les repérer plus facilement notamment pour ceux sur lesquels vont être appliqués des règles.

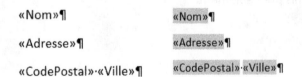

Bloc adresse

Cette fonctionnalité permet d'opter pour une présentation prédéfinie de l'adresse du destinataire

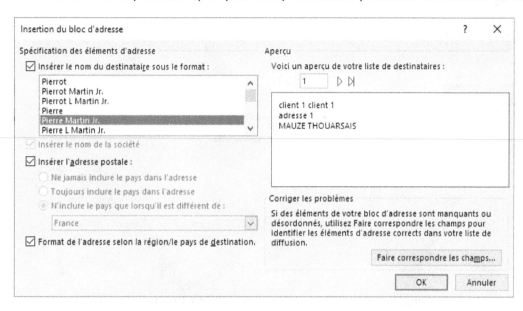

La fenêtre de gauche permet de choisir le type de présentation pour les noms et prénoms, l'option sur l'adresse postale permet d'insérer ou non les coordonnées postales, et d'adapter la présentation en fonction du pays de destination.

Si vous avez mal nommé les colonnes de votre base vous pouvez faire correspondre les champs grâce au bouton en bas à droite qui permettra de faire le lien entre les noms de champs déterminés par Word et ceux de votre base. La fenêtre de droite vous donne un aperçu du résultat avant insertion dans le document. Attention si vous avez des adresses longues prenez le temps de vérifier le document sur les enregistrements concernés afin d'éviter des retours à la ligne disgracieux.

Formule d'appel

Cette fonctionnalité permet d'insérer dans votre document avant le corps du courrier par exemple, une formule prédéfinie en fonction du sexe de votre destinataire en optant pour la présentation que vous voulez utiliser. Dans ce cadre-là vous pouvez si besoin reparamétrer les correspondances des différents champs.

Insérer un champ de fusion

Le bouton de commande de cette fonctionnalité a deux façons de fonctionner soit en cliquant sur la flèche en dessous de la commande ce qui fait apparaitre la liste des champs de fusion soit en cliquant sur le bouton lui-même ce qui fait apparaitre une boite de dialogue contenant les champs de fusion disponibles pour l'insertion. Par commodité la 1ère méthode me semble être la plus fonctionnelle.

Bien entendu avant de vouloir insérer un champ de fusion il est recommandé de se positionner dans le document à l'emplacement souhaité, sinon il faudra déplacer le champ après son insertion. Par défaut le champ qui est inséré apparait sous la forme du nom du champ entouré de guillemets.

Règles

Demander :

Imaginons que vous envoyons une invitation à une réunion trimestrielle. Votre source de données ne stocke pas les dates de la réunion, et la date de la réunion s'affiche plusieurs fois dans l'invitation.

En plaçant des signets dans votre document et en incluant un champ DEMANDER, vous pouvez exécuter la même fusion pour chaque réunion. Le seul élément que vous devez taper est la date de la réunion et vous pouvez la taper une seule fois.

1. Dans le document de fusion, appuyez sur CTRL + F9, puis tapez un nom pour créer un signet. Répétez l'opération en utilisant le même nom, à l'endroit où vous souhaitez que la réponse au champ DEMANDER apparaisse dans le document.
2. Placez votre curseur dans le document avant le premier signet que vous venez de créer.
3. Dans l'onglet **publipostage,** accédez à **règles> demander.**
4. Sélectionnez le signet que vous venez de créer (ou tapez son nom), puis entrez une invite, telle que « date de l'événement », dans la zone **invite.**
5. Cliquez sur **OK**, puis de nouveau sur **OK.**
6. À la fin du processus, lorsque vous cliquez sur **terminer & fusionner**, sélectionnez **modifier des documents individuels**. Vous serez invité à entrer une réponse pour chaque destinataire. Cette réponse est insérée dans les signets que vous avez spécifiés dans les documents qui résultent de la fusion.

Remplir :

Imaginons que vous envoyons une invitation à une réunion trimestrielle. Votre source de données ne stocke pas les dates de la réunion et la date de la réunion ne s'affiche qu'une seule fois dans l'invitation.

En plaçant un champ REMPLIR dans le document, vous pouvez exécuter la même fusion pour chaque réunion. La seule chose à taper est la date de la réunion.

1. Placez le curseur à l'endroit où vous souhaitez insérer le texte.
2. Dans l'onglet **publipostage,** accédez à **règles> remplir.**
3. Entrez une invite, telle que « date de l'événement », dans la zone **invite.**
4. Cliquez sur **OK**, puis de nouveau sur **OK.**
5. À la fin du processus, lorsque vous cliquez sur Terminer & fusionner, sélectionnez Modifier des documents individuels. Vous serez invité à entrer une réponse pour chaque destinataire. Cette réponse est insérée dans le champ REMPLIR-in (documents résultant de la fusion).

Si ...alors...sinon :

Imaginons que vous envoyiez une correspondance à une liste de participants et que vous voulez personnaliser votre invitation avec cher client pour les hommes et chère cliente pour les femmes.

Vous paramétrerez votre règle en disant que SI le champ contenant la civilité est égal à Monsieur ALORS vous afficherez cher client SINON chère cliente

1. Placez le curseur à l'endroit où le texte conditionnel doit être placé.
2. Dans l'onglet **publipostage,** accédez à **règles si... alors... Sinon.**
3. Dans la liste **nom de champ**, choisissez le champ dans votre source de données qui détermine le texte conditionnel.
4. Dans la liste **comparaison**, choisissez une façon de comparer la valeur des données.
5. Dans la zone **comparer à**, entrez la valeur de comparaison (ignorez cette option si vous avez choisi **est vide** ou **n'est pas vide** comme comparaison).
6. Dans la zone **insérer ce texte**, entrez le texte du document lorsque les critères de comparaison sont remplis.
7. Dans la zone insérer cette zone de texte, entrez le texte du document lorsque le critère de comparaison n'est pas respecté.
8. Sélectionnez OK.

N° enregistrement de fusion

Imaginons que vous vouliez utiliser une correspondance pour afficher chaque destinataire dans une liste d'attente. Vous pouvez trier la liste de destinataires dans l'ordre chronologique des inscriptions, puis utiliser une règle # enregistrement de fusion pour afficher la position numérotée du destinataire dans la liste.

Le numéro de l'enregistrement reflète tout tri ou filtrage que vous avez appliqué à la source de données avant la fusion.

N° séquence de fusion

Imaginons que vous vouliez que le nombre total de personnes inscrites à un événement soit une correspondance. La règle de fusion # génère le nombre d'enregistrements dans le document fusionné.

1. Placez le curseur à l'endroit où vous souhaitez que le numéro de l'enregistrement apparaisse.
2. Dans l'onglet **publipostage,** accédez à **règles>** la **séquence de fusion #.**

Enregistrement suivant

Imaginons que vous utilisez le publipostage pour imprimer votre liste de contacts sur une seule feuille de papier. Utilisez la règle d'enregistrement suivante pour indiquer à Word de passer à l'enregistrement suivant sans commencer une nouvelle page.

Remarque : Un tableau d'étiquettes est disposé sous forme de tableau dans Word. Pour placer l'adresse suivante dans l'étiquette, Word utilise la règle d'enregistrement suivante dans chaque cellule de tableau.

1. Placez votre curseur à l'endroit où vous voulez que les données de l'enregistrement suivant apparaissent.

2. Dans l'onglet **publipostage,** accédez à **règles> enregistrement suivant**.

3. Insérer un champ de fusion pour les données souhaitées

   suivant Par exemple, une liste de noms de société peut ressembler à ce qui suit :

   « Nom Société »

   «Enregistrement suivant » « Nom Société »

   «Enregistrement suivant » « Nom Société »

Suivant si

Imaginons que vous souhaitiez obtenir et imprimer une liste des participants à la réunion nationale sur une feuille de papier et sur une feuille internationale les participants du voyage figurant sur une 2ème feuille de papier. Le champ pays/Région dans votre source de données est peut-être vide pour les voyageurs nationaux. Vous pouvez utiliser un enregistrement suivant s'il s'agit d'une règle qui empêche Word de démarrer une nouvelle page tant qu'il n'atteint pas les destinataires pour lesquels le champ pays/région n'est pas vide. Pour cela, vous devez d'abord trier votre source de données par pays ou région.

1. Placez votre curseur à l'endroit où vous voulez que les données de l'enregistrement suivant apparaissent.

2. Dans l'onglet **publipostage,** accédez à l'enregistrement **suivant**.

3. Dans la liste **nom de champ**, choisissez le nom du champ de fusion, tel que **ville**.

4. Dans la liste **comparaison,** choisissez une façon de comparer la valeur des données. Par exemple, pour sélectionner les destinataires demeurant dans une ville spécifique, cliquez sur **Égal à**.

5. Dans la zone **comparer à**, entrez la valeur que vous voulez utiliser. Par exemple, pour isoler les destinataires dans la zone Tokyo, tapez **Tokyo** (ignorez cette opération si vous avez choisi **vide** ou **n'est pas vide** comme comparaison).

Définir signet

Supposez que vous préparez des invitations pour une conférence sur laquelle l'intervenant du jour n'a pas encore été finalisé. Vous pouvez laisser des espaces réservés pour le nom du présentateur dans l'ensemble de votre document, ainsi qu'une règle de signet définie, où vous entrez le nom du présentateur une seule fois et il apparaît dans tous les espaces réservés.

Les espaces réservés sont des champs Réf. La règle définir le signet insère un champ qui n'apparaît pas dans le document (sauf si vous appuyez sur ALT + F9 pour afficher les codes de champ).

1. Placez votre curseur n'importe où dans le document.

2. Dans l'onglet **publipostage,** cliquez sur **règles> définir le signet**, tapez un nom, puis sélectionnez **OK**.

3. Placez votre curseur à l'endroit où vous voulez que le texte du signet s'affiche.

4. Dans l'onglet **insertion,** accédez au **champcomposants QuickPart** > et sélectionnez **Réf**.

5. Choisissez le nom du signet que vous venez de créer, puis sélectionnez OK.

6. Insérez le champ REF partout où le texte du signet doit apparaître.

7. Avant d'exécuter la fusion, cliquez avec le bouton droit sur le champ définir, sélectionnez **modifier le champ**, puis entrez le texte souhaité dans la zone de **texte.**

8. Sélectionnez **OK**.

Sauter l'enregistrement si

Imaginons que vous disposiez d'un magasin d'habillement et que vous ayez un surstock d'un T-Shirt particulier, mais pas le plus populaire. Lorsque vous êtes prêt à envoyer une brochure commerciale, vous allez exclure les clients qui achètent une certaine taille. Utilisez la règle sauter l'enregistrement si pour comparer le contenu des données de taille des clients à la taille que vous souhaitez exclure.

1. Dans l'onglet publipostage, accédez à règles> sauter l'enregistrement si.

2. Dans la liste nom de champ, choisissez le nom du champ de fusion, tel que taille.

3. Dans la liste comparaison, choisissez une façon de comparer la valeur des données. Par exemple, pour extraire des clients qui portent une taille précise, choisissez égal à.

4. Dans la zone comparer à, entrez la valeur que vous voulez utiliser. Par exemple, pour faire découvrir aux clients une taille supplémentaire, sélectionnez XS (ignorer cet article si vous avez choisi est vide ou n'est pas vide comme comparaison).

Faire correspondre les champs

Correspondance des champs

Pour pouvoir utiliser les fonctionnalités spéciales, la fonction Fusion et publipostage doit savoir quels champs dans votre liste de destinataires correspondent aux champs obligatoires. Utilisez la liste déroulante pour sélectionner le champ de liste de destinataires approprié pour chaque composant de champ d'adresse.

Identificateur unique	(sans correspondance)
Titre de civilité	(sans correspondance)
Prénom	Nom
Deuxième prénom	(sans correspondance)
Nom	Nom
Suffixe	(sans correspondance)
Surnom	(sans correspondance)
Poste	(sans correspondance)
Société	(sans correspondance)
Adresse 1	Adresse
Adresse 2	(sans correspondance)
Ville	Ville
Département	(sans correspondance)

Utilisez les listes déroulantes pour choisir le champ de votre base de données qui correspond aux informations d'adresse que la fonction Fusion et publipostage nécessite (liste de gauche).

☐ Mémoriser cette correspondance pour ce jeu de sources de données sur cet ordinateur

OK   Annuler

Vous allez utiliser une base de données que vous n'avez pas conçue et dont les noms de champs ne correspondent pas avec les fonctionnalités comme le bloc adresse, vous pouvez par cette fonction paramétrer les champs pour qu'ils soient compatibles.

Mettre à jour les étiquettes

Vous avez besoin de concevoir des étiquettes et vous avez choisi votre étiquette grâce à la commande « démarrez la fusion et le publipostage », vous allez insérer les champs de fusion dans votre première étiquette, une fois celle-ci conçue en cliquant sur « mettre à jour les étiquettes » les autres vont se remplir en utilisant le modèle de la 1ère. Vous allez concevoir une ou plusieurs pages d'étiquettes ou chacune sera la représentation d'un enregistrement de votre base.

Le groupe « aperçu des résultats »

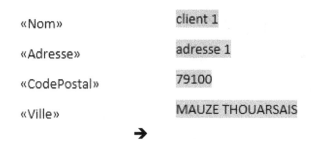

ABC

La fonctionnalité permet de passer d'un affichage type nom du champ de fusion insérer à l'affichage du contenu du champ.

«Nom»	client 1
«Adresse»	adresse 1
«CodePostal»	79100
«Ville»	MAUZE THOUARSAIS

➔

Cette commande permet de faire un aperçu des champs insérés avant de passer à l'étape suivante qui consiste à paramétrer les champs dans leur affichage ou dans leur longueur.

La navigation entre enregistrements

Les flèches de navigation permettent d'atteindre soit l'enregistrement précédent ou suivant soit le premier ou le dernier enregistrement de la base de données qui fournit les informations.

Rechercher un destinataire

Permet de chercher sur une partie ou la totalité d'un enregistrement en recherchant soit dans tous les champs soit un champ spécifique, le résultat de la recherche s'affichera dans le document ouvert, s'il existe plusieurs résultats il est possible de faire afficher le suivant en utilisant la touche la commande « suivant ».

Rechercher les erreurs

Le publipostage peut se révéler ardu dans le cas où la base utilisée n'est pas adaptée à cette fonction, il est donc possible de se faire aider dans la résolution des problèmes notamment en générant un rapport d'erreurs.

Le groupe « terminer »

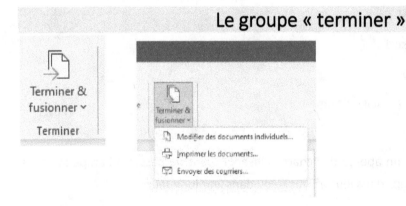

Modifier des documents individuels

La fonction permet de visualiser dans un nouveau document Word les documents générés par le publipostage, possibilité qui permet un contrôle individuel des insertions des champs et de leur résultat. De plus la boite de dialogue permet de sélectionner tous les enregistrements ou celui sur lequel est le document de publipostage ou encore les enregistrements du numéro de départ choisi au numéro de fin désiré.

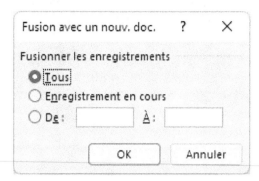

Les modifications qui sont effectuées à ce stade interviendront uniquement sur le document concerné et non pas sur l'ensemble du publipostage.

Imprimer des documents

La boite de dialogue pour imprimer est la copie conforme de la précédente, les documents seront envoyés directement sur l'imprimante choisie.

Si l'utilisateur veut imprimer quelques documents générés par le publipostage il peut également lancer l'impression à partir du menu fichier et dans le choix des pages il les fera précéder de la lettre

S exemple : dans ce cas on imprime de l'enregistrement 3 à l'enregistrement 5 inclus.

PERSONNALISER LE PUBLIPOSTAGE

La base source

Comme on l'a vu précédemment la base de données permettant de générer un publipostage peut prendre différents formats, celui qui est le plus commun est le format Excel, qui peut être généré à partir d'extractions de différents logiciels professionnels ou créés par l'utilisateur.

Dans le cas où c'est un document généré par un logiciel de gestion commercial ou de comptabilité, la base par défaut se trouvera sur la feuille Excel créée ancrée dès la cellule A1. Le cas peut exister d'une base commençant dans une autre cellule dans cette situation deux solutions existent soit on déplace la base de façon que le premier titre de colonne se trouve en A1 soit on sélectionne l'intégralité de la base et on la nomme en utilisant la zone de nom en haut à gauche de la feuille.

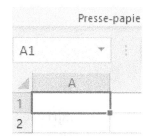 Zone de nom on saisie par exemple base, adresses, etc... et surtout on valide la saisie par entrée.

Si la base est un document créé par l'utilisateur la règle préconisée est de créer la base à partir de la cellule A1, la première doit être une ligne de titres exemple :

	A	B	C	D	E	F
1	civilité	nom	prenom	adresse	code postal	ville
2						

L'information contenue dans la colonne doit être la plus minimaliste possible, ce qui permettra de faire des tris par exemple sur les villes, de rechercher les habitants d'un département par le code postal, etc...

La personnalisation des champs

L'intégration de données issues de divers logiciels peut donner des résultats surprenants dans leur restitution sous Word.

La gestion des codes postaux

Le code postal français est composé de 5 chiffres, les 2 premiers sont le départements les suivants le numéro de la ville dans le département. Ce codage fait que les 9 premiers départements ont un zéro au début de leur codification, par défaut ce 0 n'apparait pas lors du transfert sous Word il faut donc paramétrer le champ.

Paramétrage du champ code postal

«Nom»

«Adresse»

«CodePostal»

«Ville»   L'affichage par défaut sous Word des champs de fusion est de ce format, il faut passer en champ code pour modifier l'affichage du champ sur le document final.

{ MERGEFIELD Nom }

{ MERGEFIELD Adresse }

{ MERGEFIELD CodePostal }

{ MERGEFIELD Ville }

Pour obtenir ce résultat qui est l'affichage en mode champ code 2 solutions la première la combinaison de touches ALT+F9, la 2ème qui n'interviendra que sur le champ concerné et pas sur tous les champs du document un clic droit et « basculer les codes de champ »

Les 2 méthodes fonctionnent, pour revenir au point de départ ALT+F9 ou clic droit en fonction de la méthode que vous avez choisi

«Nom»

«Adresse»

{ MERGEFIELD CodePostal }

«Ville»

Pour paramétrer le champ en l'obligeant à être sur 5 caractères et à avoir un 0 au début s'il s'agit d'un des 9 premiers départements

```
{ MERGEFIELD CodePostal \@ "0####"}
```

On insère après le champ de fusion un « \ » qui va séparer le champ de son paramétrage suivi d'un « @ » qui signifie que le paramétrage concerne une donnée numérique, on insère un espace des guillemets qui signifient que le modèle du paramétrage est notifié. Un 0 et 4 # suivis du guillemet fermant. Cela signifie que la donnée numérique est composée de 5 caractères et que si l'importation de ce champ à partir de la base n'en comporte que 4, elle sera précédée d'un 0.

Retour à l'affichage normal par ALT+F9

La gestion des numéros de téléphone

Le codage français des numéros de téléphone est de 10 chiffres dont le 1er est toujours un 0, par défaut ce 0 n'apparait pas lors du transfert sous Word il faut donc paramétrer le champ.

Paramétrage du champ numéro de téléphone

Affichage du champ code par la combinaison ALT+F9

```
{ MERGEFIELD telephone\# "0#.##.##.##.##" }
```

On pose un « \ » suivi d'un « # » pour annoncer le type de paramétrage suivi entre guillemets du paramétrage désiré, on peut remplacer le point par un « / » en fonction des besoins ou habitudes.

Retour à l'affichage normal par ALT+F9

La gestion des dates

Un souci récurrent est l'insertion des dates venant notamment d'une base Excel, malgré le fait que les dates soient en format français soit jour mois année, elles peuvent s'afficher dans Word avec un format Anglo-saxon soit mois jour année.

Le format des dates est géré par Microsoft dans Excel par ce codage : jj/mm/aaaa celui qui est retourné dans Word lors de l'importation devient si le format est récupéré normalement : dd/MM/yyyy le codage reprend donc les lettres anglaises. (d pour le jour M pour le mois et y pour l'année).

Ce qui donne dd/MM/yyyy soit par exemple pour le 1er janvier 2022 ➜01/01/2022 ou si l'on prend la date du 15 janvier 2022 ➜15/01/2022

- Les dd codent le jour sur 2 caractères
- Les MM codent le mois sur 2 caractères
- Les yyyy codent l'année sur 4 caractères

Dans le cas où l'on veut faire afficher par exemple 15 janvier 2022 le codage sera de 4 M pour le mois.

Dans le cas où l'affichage du champ date se fait en format anglais

Affichage du champ code par la combinaison ALT+F9

«date_entrée»   { MERGEFIELD date_entrée }

La base de données

	A	B	C	D	E	F	G	H	I	J	k
1	Civilité	Nom	Prénom	Adresse	CP	Ville	SECTEUR	Chiffre D'affaires	PRIME	date entrée	
2	Monsieur	GAMBRA	Jean-Luc	74 Rue Bleue	69530	Brignais	NORD	68 000,00	-	01/02/2019	
3	Madame	LEFORT	Karine	27 Rue du Gal de Gaulle	69220	Cercié	SUD	169 000,00	5 070,00	12/05/2020	
4	Monsieur	SERVANTES	Laurent	32 Avenue de la gare	69970	Chaponnay	CENTRE 1	245 000,00	7 350,00	14/06/2015	
5	Monsieur	DUBREUIL	David	27 Boulevard Saint Chamand	69115	Chiroubles	EST	67 000,00	-	10/11/2010	
6	Mademoiselle	LEBON	Juliette	68 Rue des Violettes	69380	Dommartin	CENTRE 2	232 000,00	6 960,00	14/02/2021	
7	Monsieur	PETIT	Franck	693 Place des Tamaris	69450	Saint-Cyr-au-Mont-d'Or	OUEST	165 000,00	4 950,00	01/07/2018	
8											

Le format date dans la base est bien dans le format français

2/1/2019

L'affichage dans Word a basculé en anglais, il faut être vigilant sur la lecture de la date ici la date de la base de données nous donne le 1er février 2019 alors que l'affichage dans Word nous indique 2 janvier 2019.

Il faut donc procéder à une correction dans le codage du champ de fusion. On fait apparaitre le codage des champs avec ALT+F9

{ MERGEFIELD date_entrée }

On insère dans le champ le paramétrage suivant :

{ MERGEFIELD date_entrée\@ "dd/MM/yyyy" }

Et on réactive l'affichage normal avec ALT+F9 attention il faut actualiser l'affichage en changeant d'enregistrement.

01/02/2019

Ce qui donne à l'affichage

On peut également faire le codage suivant

{ MERGEFIELD date_entrée\@ "dd MMMM yyyy" }

Et on réactive l'affichage normal avec ALT+F9 attention il faut actualiser l'affichage en changeant d'enregistrement.

Ce qui donne à l'affichage :

01 février 2019

Si le 0 devant le 1er chiffre du jour n'est pas désiré, il suffit de mettre un seul d dans le codage.

La gestion des champs numériques

Certaines données issues de la base sont en format numérique et le résultat d'un calcul exemple une commission, une prime, une ristourne, etc...

Ces champs calculés sont affichés le plus souvent avec 2 ou 3 décimales, mais leur importation dans Word réactive l'affichage de l'ensemble de ces décimales, il faut donc procéder à un paramétrage de ce champ pour conserver uniquement les décimales voulues.

Paramétrage des champs numériques en format monétaire
Base exemple :

	A	B	C	D	E	F	G	H	I	J	K
	Civilité	Nom	Prénom	Adresse	CP	Ville	SECTEUR	Chiffre D'affaires	PRIME	date entrée	commission 2%
	Monsieur	GAMBRA	Jean-Luc	74 Rue Bleue	69530	Brignais	NORD	68 256,00	-	01/02/2019	1365,12
	Madame	LEFORT	Karine	27 Rue du Gal de Gaulle	69220	Cercié	SUD	169 473,00	5 084,19	12/05/2020	3389,46
	Monsieur	SERVANTES	Laurent	32 Avenue de la gare	69970	Chaponnay	CENTRE 1	245 819,00	7 374,57	14/06/2015	4916,38
	Monsieur	DUBREUIL	David	27 Boulevard Saint Chamand	69115	Chiroubles	EST	67 569,00	-	10/11/2010	1351,38
	Mademoiselle	LEBON	Juliette	68 Rue des Violettes	69380	Dommartin	CENTRE 2	232 145,00	6 964,35	14/02/2021	4642,90
	Monsieur	PETIT	Franck	693 Place des Tamaris	69450	Saint-Cyr-au-Mont-d'Or	OUEST	165 789,00	4 973,67	01/07/2018	3315,78

Insertion des champs de fusion dans Word :

CA : «Chiffre_Daffaires»

Prime : «PRIME»

Commission 2% : «commission_2»

Affichage des résultats

CA : 68256

Prime : 0

Commission 2% : 1365,1200000000001

Cet affichage ne permet pas d'avoir une vision réaliste, claire et compréhensible, il faut donc reparamétrer les champs codes.

Pour accéder aux champs codes ALT+F9

Et on insère le paramétrage suivant :

CA : { MERGEFIELD Chiffre_Daffaires\# "# ###,00 €" }

Prime : { MERGEFIELD PRIME\# "# ##0,00 €" }

Commission 2% : { MERGEFIELD commission_2\# "# ###,00 €" }

Pour le champ prime qui peut être égal à 0 il faut penser à mettre un 0 avant l'insertion des décimales.

ALT+F9 pour revenir à l'affichage du contenu des champs.

CA : 68 256,00 €

Prime :   0,00 €

Commission 2% : 1 365,12 €

Cette fois l'affichage devient lisible.

Le paramétrage des champs numériques en format pourcentage

La base de départ :

	A	B	C	D	E	F	G	H	I	J	K	L
	Civilité	Nom	Prénom	Adresse	CP	Ville	SECTEUR	Chiffre D'affaires	PRIME	date entrée	commission 2%	pourcentage de la prime par rapport au CA
	Monsieur	GAMBRA	Jean-Luc	74 Rue Bleue	69530	Brignais	NORD	68 256,00	-	01/02/2019	1365,12	0%
	Madame	LEFORT	Karine	27 Rue du Gal de Gaulle	69220	Cercié	SUD	169 473,00	5 084,19	12/05/2020	3389,46	3%
	Monsieur	SERVANTES	Laurent	32 Avenue de la gare	69970	Chaponnay	CENTRE 1	245 819,00	7 374,57	14/06/2015	4916,38	3%
	Monsieur	DUBREUIL	David	27 Boulevard Saint Chamand	69115	Chiroubles	EST	67 569,00	-	10/11/2010	1351,38	0%
	Mademoiselle	LEBON	Juliette	68 Rue des Violettes	69380	Dommartin	CENTRE 2	232 145,00	6 964,35	14/02/2021	4642,90	3%
	Monsieur	PETIT	Franck	693 Place des Tamaris	69450	Saint-Cyr-au-Mont-d'Or	OUEST	165 789,00	4 973,67	01/07/2018	3315,78	3%

Le champ calculé affiche le format %, mais ceci n'est qu'un visuel, les % ne sont que des décimales et le retour de ce champ dans Word se fera en format décimal lors qu'il est attendu un format %.

CA : «Chiffre_Daffaires»

Prime : «PRIME»

Commission 2% : «commission_2»

% de la prime / CA : «pourcentage_de_la_prime_par_rapport_au_C»

CA : 169 473,00 €

Prime : 5 084,19 €

Commission 2% : 3 389,46 €

% de la prime / CA : 2,9999999999999999E-2

Il faut paramétrer le champ pourcentage

% de la prime / CA :{ = { MERGEFIELD pourcentage_de_la_prime_par_rapport_au_C } * 100\#0%}

Pour créer les crochets qui vont encadrer l'ensemble du paramétrage CTRL+F9 (où sélectionner le champ et faire CTRL+F9). Puis faire glisser entre les crochets le champ de fusion ajouter le symbole =

entre les 2 premiers crochets, après le crochet derrière le nom de champ ᵘ_C } * 100\#0%} ajouter un espace puis l'étoile qui représente la multiplication, puis à nouveau un espace, le chiffre 100 suivi de « \ »et enfin un : #0% si l'on veut un pourcentage non arrondi et avec 2 décimales on ajoute « #0,## » avant le %.

EXERCICES D'APPLICATION

Les fichiers de travail sont à demander par mail <u>sghformation@outlook.fr</u>

Exercice 1

Adressez un courrier de réponse négative aux personnes présentes dans le document (EXERCICE 1 PUBLIPOSTAGE DOSSIER PUBLIPOSTAGE)

Le fichier contient uniquement la liste des demandeurs, vous prendrez exemple sur le courrier ci-après.

Attention à bien respecter les accords pour le féminin – masculin.

Dans un 1er temps vous adressez votre courrier à l'ensemble du fichier, puis uniquement à ceux demeurant dans la Loire Atlantique soit le département 44

EXPERTISE CONSEIL

145 quai des 40 Voleurs 44000 NANTES

_____

Madame Amélie COMPAGNON

9 rue de la Crue

33000 BORDEAUX

Objet : candidature interne

Nantes, le vendredi 8 décembre 2023

Madame,

Nous avons bien reçu votre demande concernant le poste de Contrôleur méthode, et nous vous félicitons pour votre volonté à évoluer dans la société.

Nous allons vous convoquer à des tests. Lors de cette journée au siège de la société, vous serez amenée à rencontrer les responsables du service et vous serez mise en situation professionnelle.

Si cette journée est concluante professionnellement vous serez convoquée à un dernier entretien dans nos locaux pour valider votre mutation professionnelle et mettre en place votre insertion sur le poste.

Si vos tests ne nous permettent pas de vous faire évoluer actuellement, nous restons ouverts à une nouvelle candidature sur un poste similaire au sein de la société.

Vous félicitant de votre volonté d'évolution, nous vous prions de croire, Madame, en l'assurance de nos sentiments dévoués.

Emeline GALUCHON

Présidente d'EXPERTISE CONSEIL

Exercice 1 corrigé

Il faut dans un premier temps rédiger le courrier en utilisant par exemple le premier enregistrement pour définir l'emplacement définitif des champs de fusion à insérer. Une fois la lettre établie, faire la liaison avec la base de données ;

Puis insérer les champs de fusion en lieu et place des emplacements définis auparavant, en utilisant

la commande « insérer un champ de fusion »

EXPERTISE·CONSEIL → ↵
145·quai·des·40·Voleurs·44000·NANTES¶

_____¶

·¶

·¶

.   →   «Titre»·«Prénom»·«Nom»¶

.   →   «Adresse»¶

.   →   «CP»·«Ville»¶

·¶

Objet·:·candidature·interne·¶

.   →   Nantes,·le·lundi·4·décembre·2023¶

«Titre»,·¶

Nous· avons· bien· reçu· votre· demande· concernant· le· poste· de· Contrôleur· méthode,· et· nous· vous· félicitons·pour·votre·volonté·à·évoluer·dans·la·société.¶

Nous·allons·vous·convoquer·à·des·tests.·Lors·de·cette·journée·au·siège·de·la·société,·vous·serez·<u>amenée</u>· à·rencontrer·les·responsables·du·service·et·vous·serez·<u>mise</u>·en·situation·professionnelle.¶

Si·cette·journée·est·concluante·professionnellement·vous·serez·<u>convoquée</u>·à·un·dernier·entretien·dans· nos·locaux·pour·valider·votre·mutation·professionnelle·et·mettre·en·place·votre·insertion·sur·le·poste.·¶

Si·vos·tests·ne·nous·permettent·pas·de·vous·faire·évoluer·actuellement,·nous·restons·ouverts·à·une· nouvelle·candidature·sur·un·poste·similaire·au·sein·de·la·société.¶

Vous·félicitant·de·votre·volonté·d'évolution,·nous·vous·prions·de·croire,·«Titre»,·en·l'assurance·de·nos· sentiments·dévoués.·¶

·¶

.   →   Emeline·GALUCHON¶

.   →   Présidente·d'EXPERTISE·CONSEIL¶

Une fois les champs insérés il faut appliquer les règles pour que les accords grammaticaux soient exacts. Dans notre cas il y a 3 accords à paramétrer :

- Vous serez **amené➜ si c'est une femme « amenée »**
- Vous serez **mis ➜ si c'est une femme « mise »**
- Vous serez **convoqué ➜ si c'est une femme « convoquée »**

Dans le courrier il faut supprimer le mot et insérer en lieu et place une règle si…alors…sinon

Dans le champ comparaison il faut bien faire attention aux majuscules minuscules pour correspondre à la base de données.

EXPERTISE CONSEIL → ↵
145 quai des 40 Voleurs 44000 NANTES ¶

_____¶

· ¶

· ¶

· → { MERGEFIELD Titre } { MERGEFIELD
Prénom } { MERGEFIELD Nom } ¶

· → { MERGEFIELD Adresse } ¶

· → { MERGEFIELD CP } { MERGEFIELD Ville
} ¶

· ¶

Objet : candidature interne ¶

· → Nantes, le { DATE \@ "dddd d MMMM
yyyy" * MERGEFORMAT } ¶

{ MERGEFIELD Titre }, ¶

Nous avons bien reçu votre demande concernant le poste de Contrôleur méthode, et nous vous félicitons pour votre volonté à évoluer dans la société. ¶

Nous allons vous convoquer à des tests. Lors de cette journée au siège de la société, vous serez { IF { MERGEFIELD Titre } = "Monsieur" "amené " "amenée" } à rencontrer les responsables du service et vous serez { IF { MERGEFIELD Titre } = "Monsieur" "mis " "mise " } en situation professionnelle. ¶

Si cette journée est concluante professionnellement vous serez { IF { MERGEFIELD Titre } = "Monsieur" "convoqué " "convoquée " } à un dernier entretien dans nos locaux pour valider votre mutation professionnelle et mettre en place votre insertion sur le poste. ¶

Si vos tests ne nous permettent pas de vous faire évoluer actuellement, nous restons ouverts à une nouvelle candidature sur un poste similaire au sein de la société. ¶

Vous félicitant de votre volonté d'évolution, nous vous prions de croire, { MERGEFIELD Titre }, en l'assurance de nos sentiments dévoués. ¶

· ¶

· → Emeline GALUCHON ¶

→ Présidente d'EXPERTISE CONSEIL ¶

En appliquant ALT+F9 on bascule en champ code et on aperçoit le paramétrage des règles. Pour la date du jour un champ date a été inséré à partir du ruban insertion et de l'outil Quickpart :

vilité } { MERGEFIELD

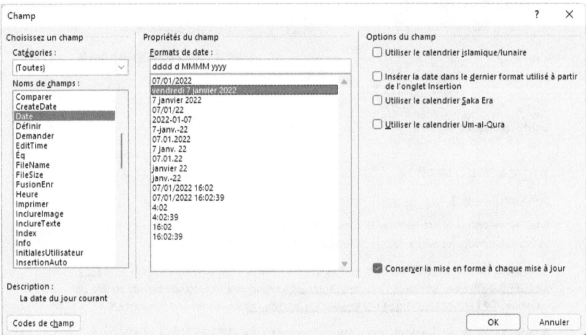

Le format de date est choisi en fonction des besoins. Attention ce champ est remis à jour à chaque ouverture du document donc si l'on veut conserver la date d'envoi il n'est pas à utiliser.

Dernière étape le paramétrage du champ code postal

{ MERGEFIELD CP\# "0####" }

En effet des destinataires se trouvent dans les département 03 ou 06 ou 09.

Le document est prêt à être fusionner

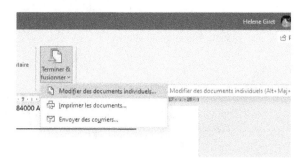

Un nouveau document s'ouvre tous les courriers se suivent sur des pages différentes bien sûr.

Modifier la liste
de destinataires

Pour envoyer le courrier aux seuls habitants du département 44

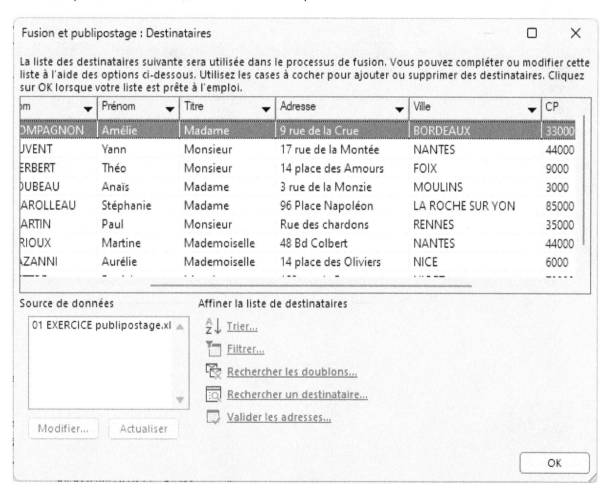

Sur la flèche se trouvant en haut de la colonne code postal sélectionner le filtre avancé, dans la 1ère ligne sélectionne le champ CP mettre le filtre sur « supérieur ou égal » et mettre la valeur sur 44000. Sur la 2ème ligne sélectionner l'opérateur « et », choisir le champ « CP », mettre le filtre sur « inférieur à » et saisir la valeur « 45000 ».

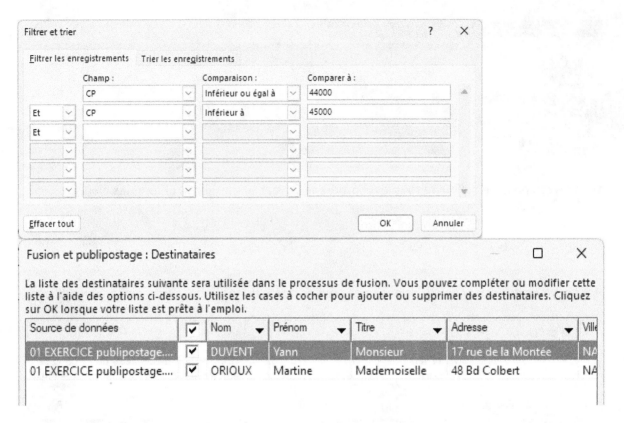

Puis seuls les enregistrements concernés seront produits.

Lancer le publipostage après cette manipulation par « terminer fusionner » et « modifier les documents individuels ».

Exercice 2

A partir de la base de données Excel située dans le dossier publipostage excercice2, réalisez 2 courriers l'un informant les commerciaux du chiffre d'affaires réalisé, de la prime qu'ils percevront si elle est supérieure à 0 pour ceux qui ont réalisés un CA supérieur à 100 000€, du montant des commissions versées et du taux que la prime représente pour ceux qui la perçoivent. Vous leur rappellerez leur date d'arrivée dans la société. Pour les commerciaux dont le CA est supérieur à 200 000€ vous les informerez qu'ils bénéficient de 5 jours de congés supplémentaires.

L'autre pour les commerciaux ne percevant pas la prime, vous leur communiquerez les éléments autres que la prime en notre possession.

Vous commencerez votre courrier par cher collègue ou chère collègue de même dans la formule de politesse.

	A	B	C	D	E	F	G	H	I	J	K
1	Civilité	Nom	Prénom	Adresse	CP	Ville	Chiffre D'affaires	PRIME	date entrée	commission 2%	% de réalisation du CA global
2	Madame	COMPAGNON	Amélie	9 rue de la Crue	33000	BORDEAUX	68 000,00	-	01/02/2019	1 360,00	7%
3	Monsieur	DUVENT	Yann	17 rue de la Montée	44000	NANTES	169 000,00	5 070,00	12/05/2020	3 380,00	18%
4	Monsieur	HERBERT	Théo	14 place des Amours	9000	FOIX	245 000,00	7 350,00	14/06/2015	4 900,00	26%
5	Madame	LOUBEAU	Anaïs	3 rue de la Monzie	3000	MOULINS	67 000,00	-	10/11/2010	1 340,00	7%
6	Madame	MAROLLEAU	Stéphanie	96 Place Napoléon	85000	LA ROCHE SUR YON	232 000,00	6 960,00	14/02/2021	4 640,00	25%
7	Monsieur	MARTIN	Paul	Rue des chardons	35000	RENNES	165 000,00	4 950,00	01/07/2018	3 300,00	17%

Les champs « prime », « commission » et « % de réalisation » sont des champs calculés dans la base Excel.

Exercice 2 corrigé

Créez un nouveau document que vous reliez à votre base de données.

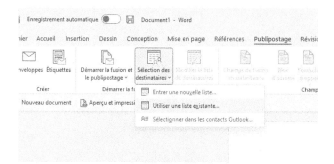

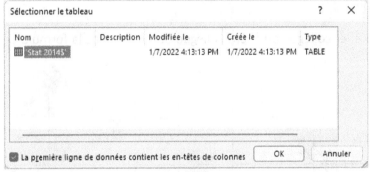

Sélectionnez la feuille contenant les informations, cochez la case qui spécifie que la 1ère ligne contient les entêtes de colonnes, il s'agit des noms de champs de fusion que vous allez utiliser dans l'exercice.

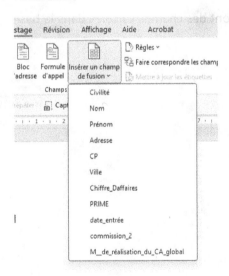

Les champs de fusion sont prêts à être insérer dans le document.

Un taquet de tabulation posé dans la règle permet d'aligner plus simplement les champs, il sera utile également pour positionner la signature en fin de document.

La date du jour peut être saisie où insérer à partir d'un champ QuickPart du ruban insertion.

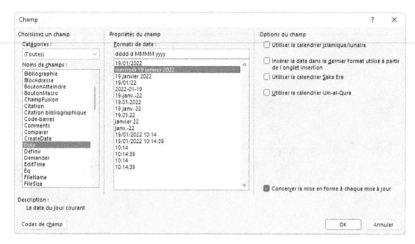

Le format de la date dépend de votre souhait.

Les paramétrages :

- Le corps de texte doit commencer par une règle sur la civilité (cher collègue ou chère collègue), même gestion pour la phrase de prise de congés en fin de document
- Les accords doivent être gérés par une règle (féminin masculin)
- L'insertion du paragraphe concernant la semaine de congés supplémentaires doit être insérée dans une règle
- Les destinataires correspondants aux impératifs définis doivent être sélectionnés par la commande modifier la liste des destinataires du groupe démarrer la fusion et le publipostage.
- Le format des champs doit être paramétré :
  - Code postal
  - Date
  - Monétaire
  - Décimal

Courrier concernant les commerciaux percevant une prime

Sélectionner les destinataires :

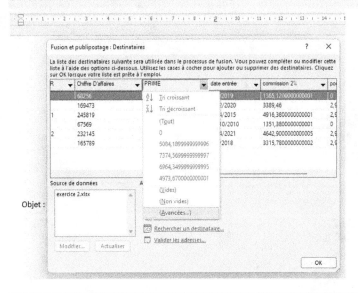

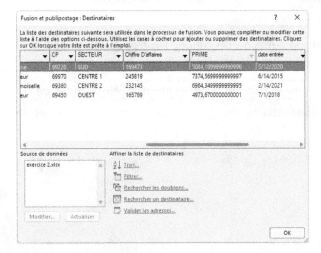

Seuls les commerciaux bénéficiant de la prime sont sélectionnés.

Paramétrer les civilités :

Utilisation de la règle SI…Alors…Sinon

Une fois le curseur de souris positionné à l'endroit où l'on veut insérer cette formule de départ du courrier il faut appeler la règle

Dans notre cas il faut commencer par « Monsieur » ce qui permet d'affecter le féminin sur les civilités « Madame » ou « Mademoiselle » par défaut. La même opération est à mener pour la prise de congés.

→ «Civilité» «Prénom» «Nom»¶

→ «Adresse»¶

→ «CP» «Ville»¶

¶

→ Cholet, le lundi 4 décembre 2023¶

¶

Objet°: bilan du mois passé¶

¶

¶

Chère Collègue, ¶

Vous avez intégré l'entreprise le «date_entrée» en tant que commercial. Sur le dernier mois vous avez réalisé un chiffre d'affaires de «Chiffre_Daffaires»€. Ce dernier vous permet d'obtenir une prime de 3% soit un montant de «PRIME»€. En plus de cette prime vous percevrez bien entendu votre commission sur la période soit «commission_2»€.¶

Votre travail a participé à la réalisation du chiffre d'affaires global de la période à la hauteur de «M__de_réalisation_du_CA_global»%, nous vous en félicitons.¶

¶

¶

Nous vous prions de recevoir, Chère Collègue, nos plus sincères salutations.¶

¶

→ G GAGNE¶

A première vue le premier destinataire de notre liste est une femme.

Paramétrer le champ date entrée :

→ Monsieur·Théo·HERBERT¶

→ 14·place·des·Amours¶

→ 9000·FOIX¶

¶

→ Cholet,·le·lundi·4·décembre·2023¶

¶

Objet°:·bilan·du·mois·passé¶

¶

¶

Cher·Collègue,·¶

Vous·avez·intégré·l'entreprise·le·6/14/2015·en·tant·que·commercial.·Sur·le·dernier·mois·vous·avez·réalisé·un·chiffre·d'affaires·de·245156€.·Ce·dernier·vous·permet·d'obtenir·une·prime·de·3%·soit·un·montant·de·8090,1480000000001€.·En·plus·de·cette·prime·vous·percevrez·bien·entendu·votre·commission·sur·la·période·soit·4903,1199999999999€.¶

Votre·travail·a·participé·à·la·réalisation·du·chiffre·d'affaires·global·de·la·période·à·la·hauteur·de·0,25910463914365978%,·nous·vous·en·félicitons.¶

¶

Votre·implication·et·votre·travail·ont·généré·un·chiffre·d'affaires·supérieur·à·200·000€·le·mois·dernier.·¶

¶

Nous·vous·prions·de·recevoir,·Cher·Collègue,·nos·plus·sincères·salutations.¶

¶

→ G·GAGNE¶

→ Gérant¶

Dans ce courrier la date est incorrecte on s'aperçoit que les jours et les mois sont inversés.

Le champ date doit être paramétré en format français :

- Alt+F9

- depuis le { MERGEFIELD date_entrée } et r

- Vous·avez·intégré·l'entreprise·le·{ MERGEFIELD·date_entrée\@·"dd·MMMM·yyyy"·}

- Alt+F9

Vous·avez·intégré·l'entreprise·le·14·juin·2015·er

-

Paramétrage des champs monétaires :

Vous·avez·intégré·l'entreprise·le·14·juin·2015·en·tant·que·commercial.·Sur·le·dernier·mois·vous·avez· réalisé·un·chiffre·d'affaires·de·245156€.·Ce·dernier·vous·permet·d'obtenir·une·prime·de·3%·soit·un· montant· de· 8090,1480000000001€.· En· plus· de· cette· prime· vous· percevrez· bien· entendu· votre· commission·sur·la·période·soit·4903,1199999999999€.¶

Vous· avez· intégré· l'entreprise· le· {· MERGEFIELD· date_entrée\@· "dd· MMMM· yyyy"· }· en· tant· que· commercial.· Sur· le· dernier· mois· vous· avez· réalisé· un· chiffre· d'affaires· de· {· MERGEFIELD· Chiffre_Daffaires· }€.· Ce· dernier· vous· permet· d'obtenir· une· prime· de· 3%· soit· un· montant· de· {· MERGEFIELD· PRIME\#· "#· ###€"· }.· En· plus· de· cette· prime· vous· percevrez· bien· entendu· votre· commission·sur·la·période·soit·{·MERGEFIELD·commission_2·\#·"#·###€"·}.¶

Vous·avez·intégré·l'entreprise·le·14·juin·2015·en·tant·que·commercial.·Sur·le·dernier·mois·vous·avez· réalisé·un·chiffre·d'affaires·de·245156€.·Ce·dernier·vous·permet·d'obtenir·une·prime·de·3%·soit·un· montant·de·8·090€.·En·plus·de·cette·prime·vous·percevrez·bien·entendu·votre·commission·sur·la· période·soit·4·903€.¶

Votre· travail· a· participé· à· la· réalisation· du· chiffre· d'affaires· global· de· la· période· à· la· hauteur· de· 0,25910463914365978%,·nous·vous·en·félicitons.¶

Votre·travail·a·participé·à·la·réalisation·du·chiffre·d'affaires·global·de·la·période·à·la·hauteur·de·{·=·{· MERGEFIELD·M__de_réalisation_du_CA_global·}*100\#0%·}%,·nous·vous·en·félicitons.¶

Votre·travail·a·participé·à·la·réalisation·du·chiffre·d'affaires·global·de·la·période·à·la·hauteur·de·26%%,· nous·vous·en·félicitons.¶

L'insertion du double crochet se fait avec CTRL+F9

L'insertion d'un paragraphe conditionnel :

Un paragraphe doit apparait si et seulement si certaines conditions sont remplies, ici un chiffre d'affaires supérieur à 200 000€

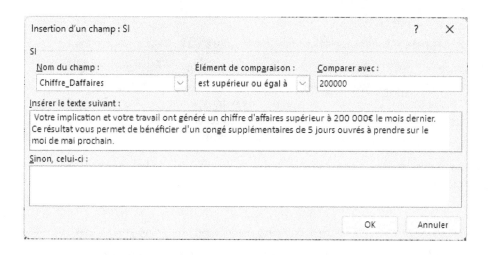

Ici la phrase n'apparait pas pourtant elle fait bien partie du courrier.

"

Cher·Collègue,·¶

Vous·avez·intégré·l'entreprise·le·12·mai·2020·en·tant·que·commercial.·Sur·le·dernier·mois·vous·avez·réalisé·un·chiffre·d'affaires·de·169010€.·Ce·dernier·vous·permet·d'obtenir·une·prime·de·3%·soit·un·montant·de·5·577€.·En·plus·de·cette·prime·vous·percevrez·bien·entendu·votre·commission·sur·la·période·soit·3·380€.·¶

Votre·travail·a·participé·à·la·réalisation·du·chiffre·d'affaires·global·de·la·période·à·la·hauteur·de·18%%,·nous·vous·en·félicitons.¶

¶

¶

Nous·vous·prions·de·recevoir,·Cher·Collègue,·nos·plus·sincères·salutations.¶

¶

→   G·GAGNE¶

→   Gérant¶

"

{ IF { MERGEFIELD Civilité } = "Monsieur" "Cher Collègue," "Chère Collègue," }¶

Vous avez intégré l'entreprise le { MERGEFIELD date_entrée\@ "dd MMMM yyyy" } en tant que commercial. Sur le dernier mois vous avez réalisé un chiffre d'affaires de { MERGEFIELD Chiffre_Daffaires }€. Ce dernier vous permet d'obtenir une prime de 3% soit un montant de { MERGEFIELD PRIME\# "# ###€" }. En plus de cette prime vous percevrez bien entendu votre commission sur la période soit { MERGEFIELD commission_2 \# "# ###€" }.¶

Votre travail a participé à la réalisation du chiffre d'affaires global de la période à la hauteur de { = { MERGEFIELD M__de_réalisation_du_CA_global }*100\#0% }%, nous vous en félicitons.¶

¶

{ IF { MERGEFIELD Chiffre_Daffaires } >= 200000 "Votre implication et votre travail ont généré un chiffre d'affaires supérieur à 200 000€ le mois dernier. Ce résultat vous permet de bénéficier d'un congé supplémentaires de 5 jours ouvrés à prendre sur le moi de mai prochain." "" }¶

Nous vous prions de recevoir, { IF { MERGEFIELD Civilité } = "Monsieur" "Cher Collègue" "Chère Collègue" }, nos plus sincères salutations.¶

Si nous changeons de commercial

"

Cher Collègue, ¶

Vous avez intégré l'entreprise le 14 juin 2015 en tant que commercial. Sur le dernier mois vous avez réalisé un chiffre d'affaires de 245156€. Ce dernier vous permet d'obtenir une prime de 3% soit un montant de 8 090€. En plus de cette prime vous percevrez bien entendu votre commission sur la période soit 4 903€.¶

Votre travail a participé à la réalisation du chiffre d'affaires global de la période à la hauteur de 26%%, nous vous en félicitons.¶

¶

Votre implication et votre travail ont généré un chiffre d'affaires supérieur à 200 000€ le mois dernier. Ce résultat vous permet de bénéficier d'un congé supplémentaires de 5 jours ouvrés à prendre sur le moi de mai prochain. ¶

Nous vous prions de recevoir, Cher Collègue, nos plus sincères salutations.¶

¶

Le texte final donnera donc :

«Civilité» «Prénom» «Nom»

«Adresse»

«CP» «Ville»

Cholet, le vendredi 8 décembre 2023

Objet : bilan du mois passé

Cher Collègue,

Vous avez intégré l'entreprise le «date_entrée» en tant que commercial. Sur le dernier mois vous avez réalisé un chiffre d'affaires de «Chiffre_Daffaires»€. Ce dernier vous permet d'obtenir une prime de 3% soit un montant de «PRIME». En plus de cette prime vous percevrez bien entendu votre commission sur la période soit «commission_2».

Votre travail a participé à la réalisation du chiffre d'affaires global de la période à la hauteur de 26%, nous vous en félicitons.

Votre implication et votre travail ont généré un chiffre d'affaires supérieur à 200 000€ le mois dernier. Ce résultat vous permet de bénéficier d'un congé supplémentaires de 5 jours ouvrés à prendre sur le moi de mai prochain.

Nous vous prions de recevoir, Cher Collègue, nos plus sincères salutations.

G GAGNE

Gérant

Prénom·{ }·MERGEFIELD·Nom·}¶

{·MERGEFIELD·Civilité·}{·MERGEFIELD·

{·MERGEFIELD·Adresse·}¶

{·MERGEFIELD·CP·}{·MERGEFIELD·Ville·}¶

¶

Cholet,·le·{·DATE··\@·"dddd·d·MMMM·yyyy"··

*·MERGEFORMAT·}¶

¶

Objet°:·bilan·du·mois·passé¶

¶

¶

{·IF·{·MERGEFIELD·Civilité·}·=·"Monsieur"·"Cher·Collègue,·"·"Chère·Collègue,·"·}¶

Vous·avez·intégré·l'entreprise·le·{·MERGEFIELD·date_entrée\@·"dd·MMMM·yyyy"·}·en·tant·que·commercial.·Sur·le·dernier·mois·vous·avez·réalisé·un·chiffre·d'affaires·de·{·MERGEFIELD·Chiffre_Daffaires·}€.·Ce·dernier·vous·permet·d'obtenir·une·prime·de·3%·soit·un·montant·de·{·MERGEFIELD·PRIME·}€.·En·plus·de·cette·prime·vous·percevrez·bien·entendu·votre·commission·sur·la·période·soit·{·MERGEFIELD·commission_2·}€.¶

Votre·travail·a·participé·à·la·réalisation·du·chiffre·d'affaires·global·de·la·période·à·la·hauteur·de·{·MERGEFIELD·M__de_réalisation_du_CA_global·}%,·nous·vous·en·félicitons.¶

¶

{·IF·{·MERGEFIELD·Chiffre_Daffaires·}·>=·200000·"Votre·implication·et·votre·travail·ont·généré·un·chiffre·d'affaires·supérieur·à·200·000€·le·mois·dernier.·Ce·résultat·vous·permet·de·bénéficier·d'un·congé·supplémentaires·de·5·jours·ouvrés·à·prendre·sur·le·moi·de·mai·prochain.·"·""·}¶

Nous·vous·prions·de·recevoir,·{·IF·{·MERGEFIELD·Civilité·}·=·"Monsieur"·"Cher·Collègue"·"Chère·Collègue"·},·nos·plus·sincères·salutations.¶

¶

G·GAGNE¶

Gérant¶

¶

Il ne reste plus qu'à lancer la fusion avec la commande terminer fusionner

Le courrier pour les commerciaux ne percevant pas la prime

Le courrier précédent est repris et modifié,

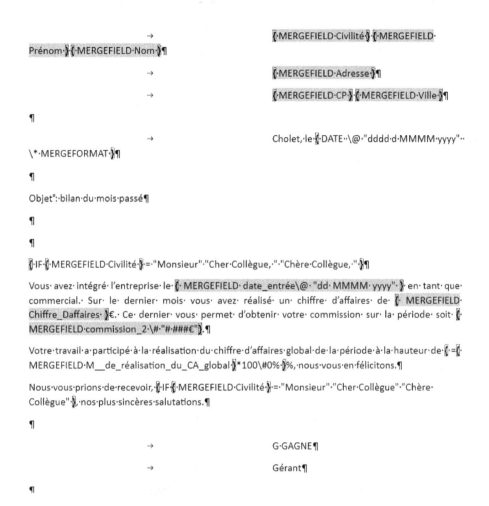

→ {·MERGEFIELD·Civilité·}·{·MERGEFIELD·
Prénom·}·{·MERGEFIELD·Nom·}¶

→ {·MERGEFIELD·Adresse·}¶

→ {·MERGEFIELD·CP·}·{·MERGEFIELD·Ville·}¶

¶

→ Cholet,·le·{·DATE·\@·"dddd·d·MMMM·yyyy"··
*·MERGEFORMAT·}¶

¶

Objet°:·bilan·du·mois·passé¶

¶

¶

{·IF·{·MERGEFIELD·Civilité·}·=·"Monsieur"·"Cher·Collègue,·"·"Chère·Collègue,·"·}¶

Vous· avez· intégré· l'entreprise· le· {·MERGEFIELD· date_entrée\@· "dd·MMMM· yyyy"· }· en· tant· que·
commercial.· Sur· le· dernier· mois· vous· avez· réalisé· un· chiffre· d'affaires· de· {· MERGEFIELD·
Chiffre_Daffaires· }€.· Ce· dernier· vous· permet· d'obtenir· votre· commission· sur· la· période· soit· {·
MERGEFIELD·commission_2·\#·"#·###€"}·.¶

Votre·travail·a·participé·à·la·réalisation·du·chiffre·d'affaires·global·de·la·période·à·la·hauteur·de·{·=·{·
MERGEFIELD·M__de_réalisation_du_CA_global·}·*·100\#0%·}%,·nous·vous·en·félicitons.¶

Nous·vous·prions·de·recevoir,·{·IF·{·MERGEFIELD·Civilité·}·=·"Monsieur"·"Cher·Collègue"·"Chère·
Collègue"·},·nos·plus·sincères·salutations.¶

¶

→ G·GAGNE¶

→ Gérant¶

¶

Le paramétrage de la liste des destinataires est modifié : On règle sur la valeur 0 pour la prime

Il reste 2 destinataires.

> Madame·Amélie·COMPAGNON¶

> 9·rue·de·la·Crue¶

> 33000·BORDEAUX¶

¶

> Cholet,·le·lundi·4·décembre·2023¶

¶

Objet°:·bilan·du·mois·passé¶

¶

¶

Chère·Collègue,·¶

Vous·avez·intégré·l'entreprise·le·01·février·2019·en·tant·que·commercial.·Sur·le·dernier·mois·vous·avez·réalisé·un·chiffre·d'affaires·de·68000€.·Ce·dernier·vous·permet·d'obtenir·votre·commission·sur·la·période·soit·1·360€.¶

Votre·travail·a·participé·à·la·réalisation·du·chiffre·d'affaires·global·de·la·période·à·la·hauteur·de·7%%,·nous·vous·en·félicitons.¶

Nous·vous·prions·de·recevoir,·Chère·Collègue,·nos·plus·sincères·salutations.¶

¶

> G·GAGNE¶

> Gérant¶

¶

Il ne reste plus qu'à lancer la fusion avec la commande terminer fusionner

Exercice 3

A partir de la base de données 03 exercice vous devez réaliser 2 types d'étiquettes :

- 1 étiquette par ligne de la base de données soit 1 étiquette par personne inscrite
- 1 page d'étiquettes par ligne de la base de données soit une page de 8 étiquettes par personne inscrite.

Pour cet exercice nous utiliserons les étiquettes du format suivant :

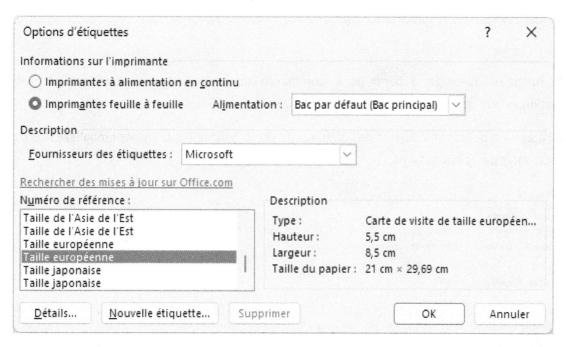

Exercice 3 corrigé

- Une étiquette par personne

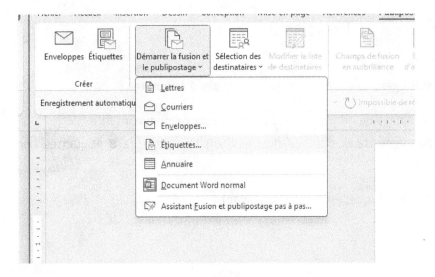

Dans le ruban publipostage, à partir de la commande démarrer la fusion et le publipostage, l'information va être donnée par la ligne « étiquettes… »

La 2eme étape est de choisir le format de l'étiquette (il est toujours indiqué sur les emballages) et de valider son choix par le bouton « ok ».

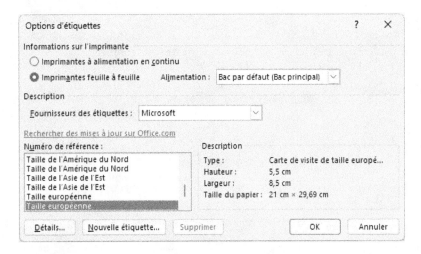

Le document s'ouvre et si votre affichage est réglé pour laisser voir les marques de paragraphes vous devinez les contours. Word a donc créé un tableau.

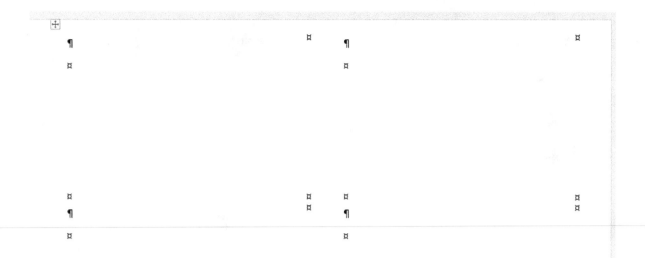

Dans la première cellule de ce tableau on va positionner les champs de fusion de notre base.

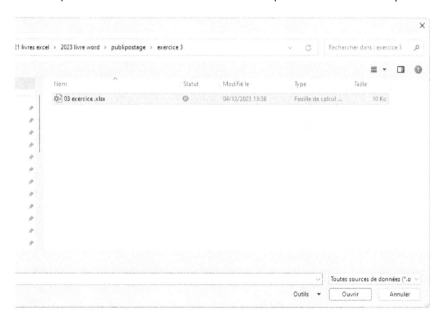

Le fait d'ouvrir la base Excel contenant les informations de fusion fait apparaitre sur le document le message « enregistrement suivant » à partir de la 2ème cellule.

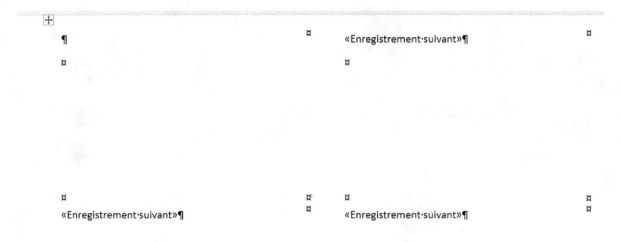

On insère les champs de fusion dans la 1ère étiquette

Dans le ruban la commande « mettre à jour les étiquettes » s'est activée, on lance cette commande.

Les étiquettes suivantes se génèrent, jusqu'au dernier enregistrement de la liste.

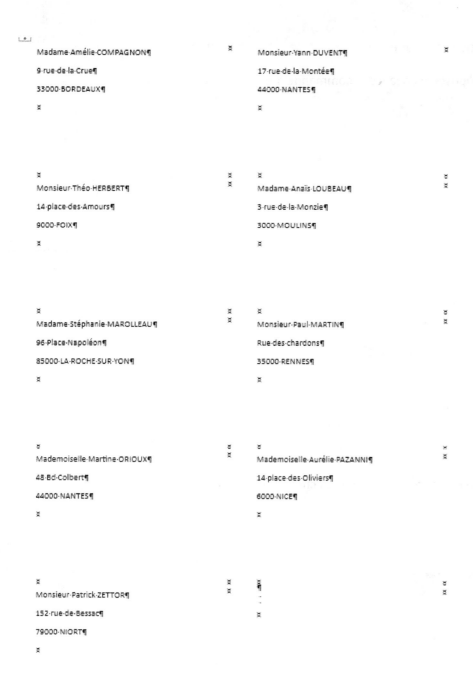

Madame·Amélie·COMPAGNON¶	¤	Monsieur·Yann·DUVENT¶	¤
9·rue·de·la·Crue¶		17·rue·de·la·Montée¶	
33000·BORDEAUX¶		44000·NANTES¶	
¤		¤	
¤	¤	¤	¤
Monsieur·Théo·HERBERT¶	¤	Madame·Anaïs·LOUBEAU¶	¤
14·place·des·Amours¶		3·rue·de·la·Monzie¶	
9000·FOIX¶		3000·MOULINS¶	
¤		¤	
¤	¤	¤	¤
Madame·Stéphanie·MAROLLEAU¶	¤	Monsieur·Paul·MARTIN¶	¤
96·Place·Napoléon¶		Rue·des·chardons¶	
85000·LA·ROCHE·SUR·YON¶		35000·RENNES¶	
¤		¤	
¤	¤	¤	¤
Mademoiselle·Martine·ORIOUX¶	¤	Mademoiselle·Aurélie·PAZANNI¶	¤
48·Bd·Colbert¶		14·place·des·Oliviers¶	
44000·NANTES¶		6000·NICE¶	
¤		¤	
¤	¤	¤	¤
Monsieur·Patrick·ZETTOR¶	¤	¤	¤
152·rue·de·Bessac¶		¤	
79000·NIORT¶			
¤			

Pour lancer l'impression on utilise la commande « terminer fusionner ». La mise en page des cellules peut se faire par le ruban « mise en page de l'outil tableaux »

Ori...	Madame·Amélie·COMPAGNON¶	Monsieur·Yann·DUVENT¶
d...	9·rue·de·la·Crue¶	17·rue·de·la·Montée¶
Align	33000·BORDEAUX¶	44000·NANTES¶
	¤	¤

- Une page d'étiquettes par enregistrement de la base de données

A partir du ruban publipostage on lance la commande « étiquettes »

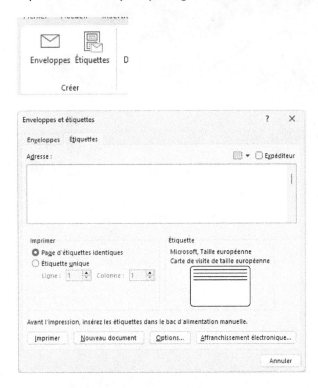

Le bouton option permet d'accéder au menu du choix des étiquettes.

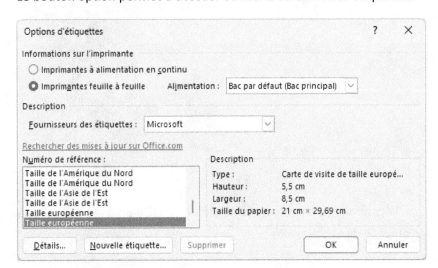

Puis la création de la page se fait avec le bouton nouveau document.

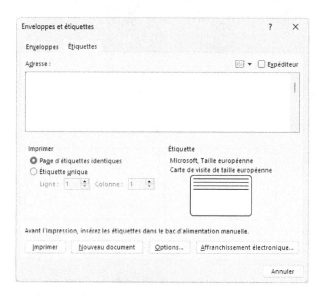

Un nouveau document Word s'ouvre, il contient un tableau dont les cellules ont la taille spécifiée.

Il faut aller chercher avec l'outil publipostage la base de données.

Dans la 1ère cellule on insère les champs de fusion.

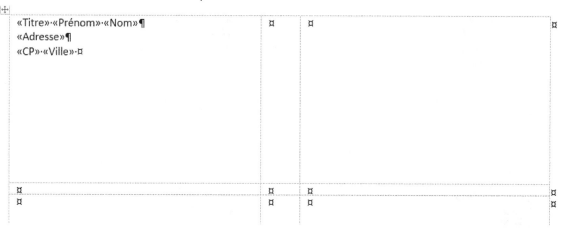

Puis on les copie et on les colle dans les autres cellules, jusqu'à remplir la page.

«Titre»·«Prénom»·«Nom»¶ «Adresse»¶ «CP»·«Ville»·¤	¤	«Titre»·«Prénom»·«Nom»¶ «Adresse»¶ «CP»·«Ville»¤	¤
«Titre»·«Prénom»·«Nom»¶ «Adresse»¶ «CP»·«Ville»¤	¤	«Titre»·«Prénom»·«Nom»¶ «Adresse»¶ «CP»·«Ville»¤	¤
«Titre»·«Prénom»·«Nom»¶ «Adresse»¶ «CP»·«Ville»¤	¤	«Titre»·«Prénom»·«Nom»¶ «Adresse»¶ «CP»·«Ville»¤	¤
«Titre»·«Prénom»·«Nom»¶ «Adresse»¶ «CP»·«Ville»¤	¤	«Titre»·«Prénom»·«Nom»¶ «Adresse»¶ «CP»·«Ville»¤	¤
«Titre»·«Prénom»·«Nom»¶ «Adresse»¶ «CP»·«Ville»¤	¤	«Titre»·«Prénom»·«Nom»¶ «Adresse»¶ «CP»·«Ville»¤	¤

Madame·Amélie·COMPAGNON¶ 9·rue·de·la·Crue¶ 33000·BORDEAUX·¤	¤	Madame·Amélie·COMPAGNON¶ 9·rue·de·la·Crue¶ 33000·BORDEAUX¤	¤
Madame·Amélie·COMPAGNON¶ 9·rue·de·la·Crue¶ 33000·BORDEAUX¤	¤ ¤	Madame·Amélie·COMPAGNON¶ 9·rue·de·la·Crue¶ 33000·BORDEAUX¤	¤
Madame·Amélie·COMPAGNON¶ 9·rue·de·la·Crue¶ 33000·BORDEAUX¤	¤ ¤	Madame·Amélie·COMPAGNON¶ 9·rue·de·la·Crue¶ 33000·BORDEAUX¤	¤

A partir de ce moment-là on peut lancer la fusion avec la commande « terminer et fusionner ». bien entendu la mise en page se fait grâce au ruban « mise en page de l'outil tableaux »

Exercice 4

La création d'enveloppes à partir de la base de données 04 exercice.

Il s'agit de créer une enveloppe par destinataire dans notre base de données. Sur cette enveloppe il faudra insérer une icône qui représentera dans notre cas le logo de l'entreprise.

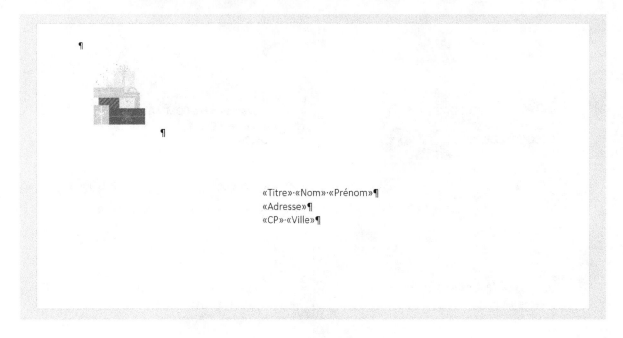

«Titre»·«Nom»·«Prénom»¶
«Adresse»¶
«CP»·«Ville»¶

Exercice 4 corrigé

Dans le ruban publipostage à partir de la commande démarrer la fusion et le publipostage et de la sous commande enveloppes lançons la création des enveloppes.

Dans un premier temps il faut choisir la taille de l'enveloppe en fonction des indications trouvés sur l'emballage et valider le choix par « ok ».

Puis relier notre document Word à la base de données par la commande « sélection des destinataires ».

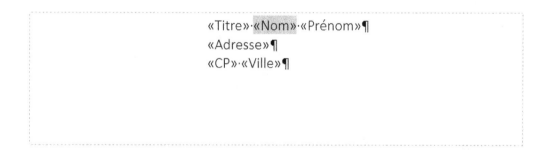

Les champs de fusion doivent être insérés dans la zone en pointillée.

L'image insérée ici en lieu et place du logo vient de la commande « icones » du ruban « insertion » et du sous menu « illustrations »

La fusion est lancé par la commande « terminer et fusionner »

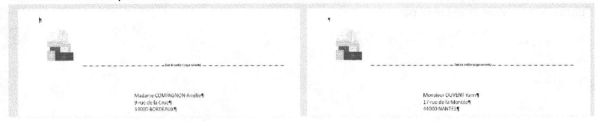

Word générera une enveloppe par destinataire.

RÉDACTION D'UNE LETTRE NORME AFNOR NZ-11-001

Marges gauche et droite : 2 cm.

Les marges

Marge haut : 3,81 cm

L'expéditeur

En haut et à gauche de la page : lignes 1 à 14.<u>Mentions obligatoires</u> :
- Le nom ou la dénomination commerciale de l'entreprise,
- La forme juridique et le montant de son capital social,
- L'adresse,
- Le numéro d'immatriculation au SIRET/SIREN et son code NAF,
- Le numéro de téléphone.

<u>Mentions facultatives</u> :
- Numéro de fax,
- Adresse du site,
- Adresse électronique.

Positionnement de l'adresse du destinataire

Elle doit pouvoir apparaître dans la lucarne des enveloppes à fenêtre prévue à cet effet.

5 cm du haut de la page et 11 cm du bord gauche conviennent pour la majorité desenveloppes.

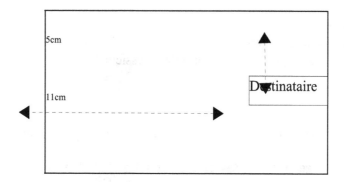

Rédaction de l'adresse du destinataire

Préconisation de LA POSTE : 6 lignes maximum, de 32 caractères au plus, comportant :
- Ligne 1 : raison ou dénomination sociale
- Ligne 2 : identité du destinataire

- Ligne 3 : complément : résidence, bâtiment, immeuble, tour, entrée
- Ligne 4 : n° et libellé de la voie *(sans aucune ponctuation)*
- Ligne 5 : indications spéciales *(B.P., TSA...)*, commune géographique si différente du libellé du bureau distributeur
- Ligne 6 : CODE POSTAL ou CODE POSTAL CEDEX (sans aucun espace ni point) et LIBELLE DU BUREAU DISTRIBUTEUR CEDEX

Le nom de la ville s'écrit toujours en majuscules ainsi que le mot CEDEX.

Les lignes vides peuvent être supprimées.

La date

Laisser 2 lignes vierges, après l'adresse du destinataire.
Ecrire le nom de la ville et la date, séparés par une virgule, au même niveau vertical que l'adresse du destinataire.

La zone de références

Elle est positionnée à gauche, au même niveau horizontal que la date.

- Ligne 1 : **Lettre recommandée avec A.R.**
- Ligne 2 : **Vos réf. :**
- Ligne 3 : **Nos réf. :**
- Ligne 4 : **PJ :** liste des pièces jointes
- Ligne 5 : **A l'attention de** ...

La formule de civilité

La formule de civilité est toujours suivie d'une virgule :

- Madame,
- Monsieur,
- Cher Monsieur,
- Cher Jules,
- Madame le Juge,
- Monsieur le Directeur,

Ne doivent jamais être suivis du nom de famille.
Si l'on ne connaît pas le destinataire, privilégier la formule "Messieurs".

Le corps de la lettre

Privilégier un interligne 1 avec une ligne vide entre deux paragraphes. Exposer une idée par paragraphe.
Si la lettre fait plus d'une page, mettre des points de suite ".../..." en bas à droite des pages concernées.

Dans ce cas, on ne coupe pas un paragraphe :

- **Après les deux points** (":"). Ceux-ci doivent être suivis par une énumération d'au moins deux lignes.
- **Après une ligne ou deux**. Votre paragraphe doit comporter au minimum 3 lignes de texte.

La formule de politesse

La formule de politesse ne doit jamais se trouver isolée sur une page.Elle doit reprendre la formule de civilité déjà utilisée.

La signature

Deux dispositions sont alors possibles :

Le directeur des Ventes

(Votre signature)

Michel DUPONT

Où

(Votre signature)

Michel DUPONT Directeur des Ventes

Le Post-scriptum

Le post-scriptum (P.S.) s'inscrit contre la marche de gauche, 4 lignes sous la signature.

Les copies

En bas de lettre, contre la marge gauche faire figurer les noms des destinataires des copies éventuelles.

Plier une lettre

Pour une correspondance commerciale ou administrative, utiliser des enveloppes de format rectangulaire de 22 cm x 11 cm (modèle DL).
Plier votre lettre en 3 parties égales, dans le sens de la hauteur.

Pour une enveloppe à fenêtre : caler l'adresse du destinataire afin qu'elle apparaisse dans la lucarne prévue à cet usage.

Pour une enveloppe sans fenêtre : placer la partie contenant l'adresse du côté du dos de l'enveloppe, pour des raisons de confidentialité. (Le courrier étant généralement ouvert par l'arrière, la première chose découverte sera l'adresse du destinataire. En cas d'erreur, il sera inutile de déplier et lire le courrier.)

LES INSERTIONS AUTOMATIQUES OU QUICKPART

Créer des textes réutilisables

Certaines phrases ou paragraphes vont être saisis régulièrement, une automatisation permet de gagner du temps dans la rédaction des documents.

Pour cela des blocs de construction peuvent être mis en place.

L'outil QuickPart

La galerie de l'organisateur de blocs de construction.

A partir du ruban insertion et dans le bloc « texte », la commande QuickPart permet d'accéder à « l'organisateur de blocs de construction », ces blocs contiennent des informations qui vont être insérées dans le document à la demande de l'utilisateur. Ils peuvent être modifiés, créés en fonction de l'utilisation. Pour les plus utilisés un raccourci clavier peut être affecté pour simplifier son insertion dans le document.

La galerie contient par défaut différents types d'insertion :

- Bibliographie : son insertion permet de citer toutes les sources connues qui sont liées au document
- Entêtes : toutes les options de disposition des entêtes, couleurs, soulignés, encadrements, position du texte, etc...
- Equations : les grandes équations classique de la littérature mathématique □
- Filigranes : insertion de texte en fond de page pour protéger le document contre la copie

- Insertions automatiques : le nom du rédacteur, les initiales de l'auteur, etc...
- Numéros de page : toutes les possibilités d'insérer un numéro de page en haut, en bas à droite, à gauche, en couleur, avec du style...
- Page de garde :page prédéfinie qui sera insérée en début de document, reprenant le nom de l'auteur, la date,...
- Pieds de page : toutes les options de disposition des pieds de page, couleurs, soulignés, encadrements, position du texte, etc...
- Tableaux : des tableaux avec sous-titres, des calendriers, des listes tabulaires...
- Zone de texte : mise en forme variée de zone de texte, couleur, police, taille de police...

Ces blocs de construction peuvent être modifiés pour être adaptés à vos besoins.

Modifier un bloc de construction

Pour chaque bloc il est possible de modifier ses propriétés :

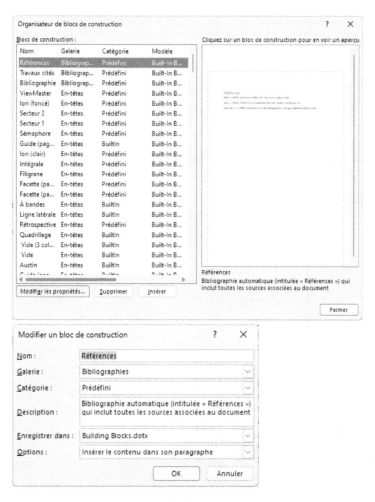

L'ensemble des données peuvent être modifiées, comme il est possible de changer un bloc de catégorie.

Exemple avec une insertion automatique

Si je commence à saisir le contenu de l'insertion automatique Word va me proposer de l'insérer automatiquement.

Si·je·commence·à·saisir·le·contenu·de·l'insertion·automatique·Helene·¶

Helene Giret (Appuyez sur ENTRÉE pour insérer)

Je vais donc modifier ce bloc pour le compléter.

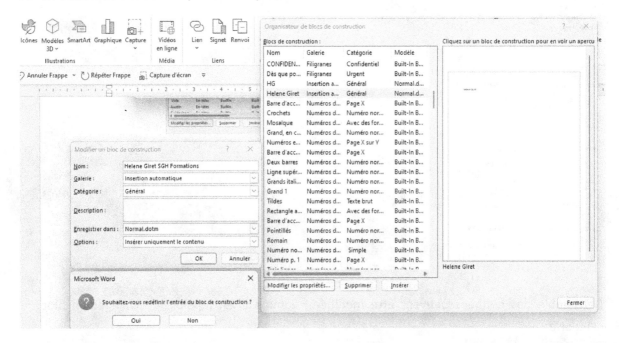

Je sélectionne le bloc, je lance la commande « modifier les propriétés », je modifie la ou les propriétés et je valide ma modification. Cela ne modifie pas le contenu de l'insertion juste les propriétés.

Si je relance l'insertion helene

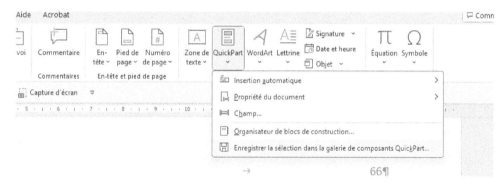

Le contenu reste identique.

Pour modifier le bloc je dois saisir le texte le sélectionner lancer la commande « enregistrer la sélection… » et donner le même nom que le bloc que je désire modifier cette opération va écraser l'ancienne entrée par cette nouvelle entrée.

Créer un bloc de construction

Je dois dans un premier temps créer le modèle pour ce nouveau bloc :

Livre Word 365 par Helene GIRET

Je sélectionne ce texte et je vais créer à partir de la commande QuickPart un nouveau bloc.

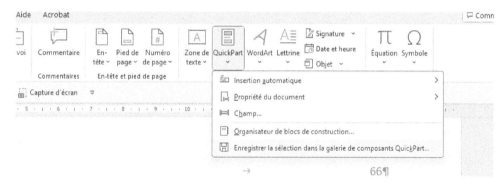

En enregistrant la sélection dans la galerie des composants QuickPart

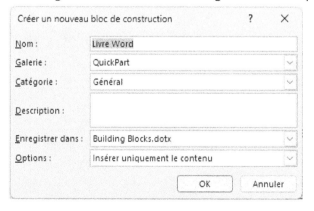

Puis en renseignant les propriétés :

- Le nom : c'est le texte que je devrais commencer à saisir pour lancer l'insertion automatique
- La galerie : c'est le type de bloc que l'on va créer ici il va falloir le modifier pour en faire une insertion automatique
- La description : à saisir si le poste est partagé avec d'autres utilisateurs et sous une même session.
- Le type d'enregistrement : si l'on veut associer cette insertion à tous les documents Word par défaut il faut enregistrer dans le « normal.dot ».
- Options : avec ou sans mise en forme particulière.

Testons

livre¶

Livre

Nous retrouvons cette insertion dans la sous commande « insertion automatique » de la commande « QuickPart »

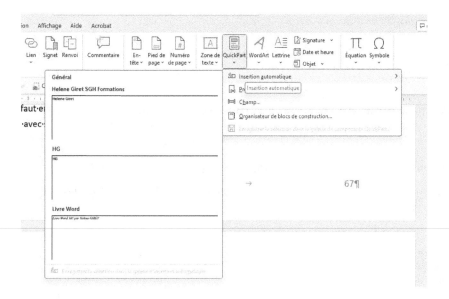

Nouvel exemple avec une formule de politesse

Veuillez agréer, Madame, Monsieur, nos plus sincères salutations.

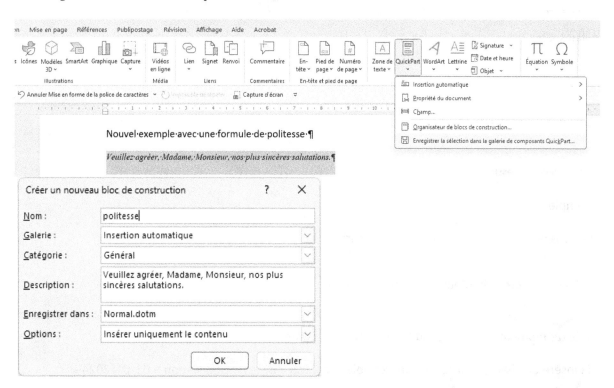

Cette fois j'ai utlisé un mot différent du début de la phrase concernée par l'insertion. Testons

Veuillez agréer, Madame, Monsieur, nos plus sincères salutations.

Pensez à supprimer les insertions automatiques qui vous sont devenues inutiles pour éviter des erreurs et des pollutions éventuelles de votre QuickPart.

Attention ces insertions sont uniquement sur votre poste et sous votre session.

Les propriétés du document

Ce sont des champs pré-enregistrés grâce aux informations saisies dans le compte Microsoft et associées à votre profil. Si ces informations sont inexistantes elles peuvent être saisies lors de la première utilisation du champ.

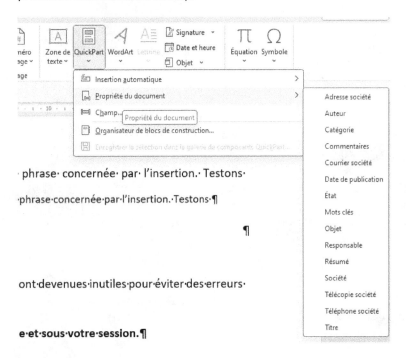

Exemple :

Prenons la propriété « auteur » SGH Formation

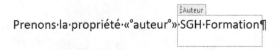

À l'insertion du champ Word insère une zone de texte modifiable qui reprend les informations contenues dans mon profil.

Si j'insère un champ non renseigné exemple le champ « date de publication » 01/01/2024

Si·j'insère·un·champ·non·renseigné·exemple·le·champ·«·°date·de·publication°·»·[Date·de·publication]¶

Comme je n'ai pas donné cette information préalablement le champ reste en mode modification légèrement grisé, m'invitant à le renseigner 01/01/2024

Dès que l'information est saisie l'ensemble des champs date de publication du document se modifient pour afficher la nouvelle donnée. (Le premier champ saisit se modifie également).

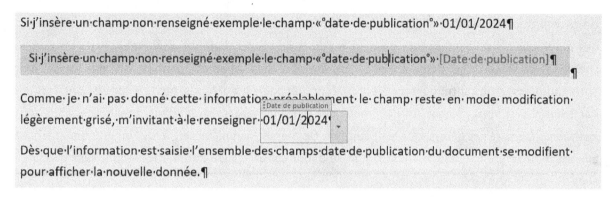

La gestion des champs

Dernière fonctionnalité des QuickPart, les champs. Cet outil va permettre d'insérer dans votre document Word des champs date, heure, formule, champ de fusion, etc...

Les codes de champs sont utiles en tant qu'espaces réservés pour les données qui peuvent changer dans votre document. Vous pouvez les utiliser pour automatiser certains aspects de votre document. Les codes de champ sont insérés automatiquement lorsque vous utilisez des fonctionnalités de Word telles que des numéros de page ou une table des matières, mais vous pouvez insérer manuellement des codes de champ pour d'autres tâches telles que réaliser des calculs ou le remplissage du contenu d'un document à partir d'une source de données.

Un champ est un ensemble d'informations qui indique à Word d'insérer automatiquement du texte, des graphiques, des numéros de page et d'autres contenus dans un document. Par exemple, le champ Date insère la date actuelle. L'utilisation des champs permet de mettre à jour automatiquement le contenu inséré (date, numéro de page, graphiques, etc.) en cas de modification. Par exemple, si vous rédigez un document sur plusieurs jours, la date est modifiée chaque jour lorsque vous ouvrez et enregistrez le document. De même, si vous mettez à jour un graphique stocké ailleurs mais référencé dans le champ, la mise à jour est effectuée automatiquement sans que vous ayez besoin de réinsérer le graphique.

Pour insérer un champ, positionnez-vous à l'endroit de l'insertion dans votre document. A partir de la commande « QuickPart » et de la sous commande « Champ » ouvrez la boite de dialogue de gestion des champs.

Dans la partie gauche sélectionnez le champ qui vous est nécessaire et insérez-le.

Modifier un champ

Cliquez avec le bouton droit dans le champ, puis cliquez sur Modifier le champ.

Modifiez les propriétés et les options du champ. Pour certains champs, vous devez afficher le code de champ pour le modifier : appuyez sur Alt+F9.

Certains champs sont modifiés dans leur propre boîte de dialogue au lieu de la boîte de dialogue Champ. Par exemple, si vous cliquez avec le bouton droit sur un lien hypertexte, puis cliquez sur Modifier le lien hypertexte, la boîte de dialogue Modifier le lien hypertexte s'ouvre.

Syntaxe du code de champ

Appuyez sur Alt+F9 pour basculer entre l'affichage des codes de champ et l'affichage des résultats de champs dans votre document. Lorsque vous affichez un code de champ, la syntaxe ressemble à ceci :

{ NOM CHAMP Propriétés Commutateurs facultatifs }

NOM CHAMP   Il s'agit du nom qui apparaît dans la liste des noms de champs de la boîte de dialogue Champ.

- Instructions   Il s'agit de toute instruction ou variable utilisée dans un champ spécifique. Tous les champs n'ont pas d'instructions. Dans la boîte de dialogue Champ, ces éléments sont répertoriés comme propriétés de champ.

- Commutateurs spécifiques au champ Il s'agit de paramètres qui peuvent être activés et désactivés pour un champ particulier. Tous les champs n'ont pas de commutateurs. Dans la boîte de dialogue Champ, ces options sont répertoriées en tant qu'options de champ.
- Commutateurs généraux Voici des paramètres qui régissent le format des résultats de champ, tels que la mise en majuscules du texte et le format de date/heure. Dans la boîte de dialogue Champ, ces options sont répertoriées comme options de mise en forme.

  Note de sécurité : Les codes de champ pouvant être vus par n'importe quelle personne lisant votre document, assurez-vous que vous n'y placez pas des informations devant rester privées.

Contrôler les méthodes de mise à jour des champs

Par défaut, Word met automatiquement les champs à jour à l'ouverture du document. Ce faisant, les informations restent à jour. Il existe pourtant des situations pour lesquelles vous pouvez ne pas souhaiter cette mise à jour automatique. Par exemple, vous pouvez vouloir qu'une date de l'en-tête reflète une date en particulier plutôt que la date d'ouverture du document.

Vous pouvez également mettre les champs à jour en cliquant avec le bouton droit de la souris sur un champ et en cliquant sur Mettre à jour les champs, ou en cliquant sur un champ et en appuyant sur F9.

Pour mettre à jour manuellement tous les champs du corps d'un document, appuyez sur Ctrl+A, puis sur F9. Les champs des en-têtes, pieds de page ou zones de texte doivent être mis à jour séparément. Cliquez dans l'en-tête, le pied de l'en-tête ou la zone de texte, appuyez sur Ctrl+A, puis sur F9.

Vous pouvez verrouiller les champs afin d'éviter toute mise à jour automatique ou non-intentionnelle.

Verrouiller ou déverrouiller un champ

Effectuez l'une des opérations suivantes :

Pour verrouiller un champ afin que les résultats de champ ne soient pas mis à jour, cliquez sur le champ, puis appuyez sur Ctrl+F11.

Pour déverrouiller un champ afin que les résultats de champ soient mis à jour, cliquez sur le champ, puis appuyez sur Ctrl+Maj+F11.

Exercices d'application

Exercice 1

Créez une insertion automatique à partir du texte ci-dessous, nommez la RIB1.

Veuillez trouver ci-dessous les coordonnées bancaire de notre entreprise.

IBAN FR76 0000 1111 2222 3333 4444 5555

BIC BNPAPPFRXXX

Merci de bien vouloir désormais effectuez vos règlements sur ce compte bancaire.

Exercice 1 corrigé

Saisissez le texte.

Sélectionnez tout le texte.

Dans le ruban « insertion », avec la commande « QuickPart » et la sous commande « enregistrer la sélection... » créez votre nouvelle entrée

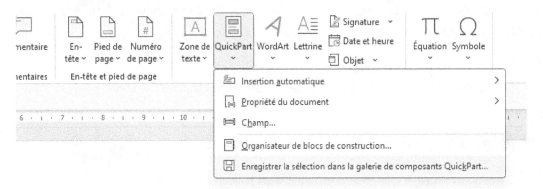

Modifiez le nom du bloc, dans la galerie choisissez « insertion automatique » et validez.

Saisissez le nom de votre insertion et validez par entrée.

RIB1¶

Exercice 2

Créez 3 insertions automatiques à partir des textes ci-dessous

Nom insertion	Texte insertion
Cordial	Cordialement
Revoir	Veuillez recevoir, Monsieur, nos sincères salutations
Politesse	Veuillez agréer, Madame, Monsieur, nos salutations respectueuses.

Modifiez la 3ème salutation

Veuillez agréer, Madame, Monsieur, nos respectueuses salutations.

Exercice 2 corrigé

Saisissez le texte.

Sélectionnez tout le texte.

Dans le ruban « insertion », avec la commande « QuickPart » et la sous commande « enregistrer la sélection... » créez votre nouvelle entrée

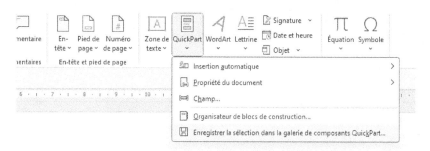

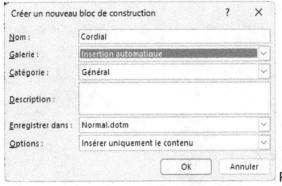 Pour cordialement

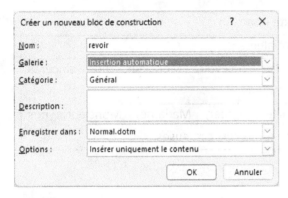 Pour Veuillez recevoir, Monsieur, nos sincères salutations

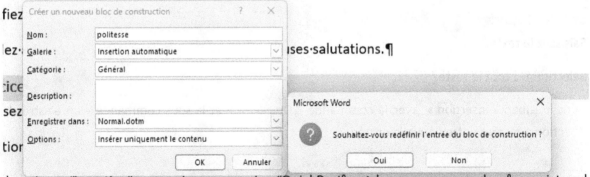

le·ruban·«˝insertion˝»,·avec·la·commande·«˝QuickPart°»·et·la·sous·commande·«°enregistrer·l

Pour Veuillez agréer, Madame, Monsieur, nos salutations respectueuses.

Pour modifier cette dernière insertion :

On saisit et on sélectionne le nouveau texte, on suit la procédure comme si c'était une nouvelle entrée et on fait attention à bien utiliser le même nom.

La nouvelle saisie écrase l'ancienne.

Veuillez agréer, Madame, Monsieur, nos respectueuses salutations.

Exercice 3

Insérer dans votre document :

- Un champ date de type date courte
- Un champ date et heure
- Le nom de l'auteur

Exercice 3 corrigé

08/12/2023

08/12/2023 09:30:02

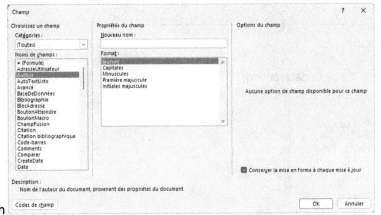

: SGH Formation

Exercice 3

Insérer dans votre document :

- Un champ date de type date courte
- Un champ date et heure
- Le nom de l'auteur

Exercice 3 corrigé

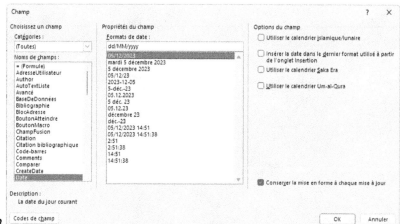

08/12/2023

08/12/2023 09:30:02

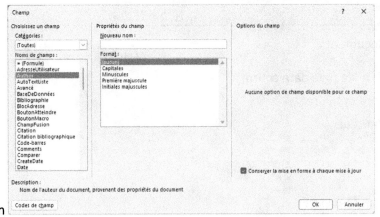

: SGH Formation

LA GESTION DES DOCUMENTS LONGS

La gestion des documents longs engendre souvent une multitude de manipulations et d'appels aux fonctionnalités avancées de Word.

La page de garde

C'est un élément non obligatoire mais fortement conseillé pour mettre en forme votre document. Vous pouvez utiliser celles proposées par Word ou créer votre propre page.

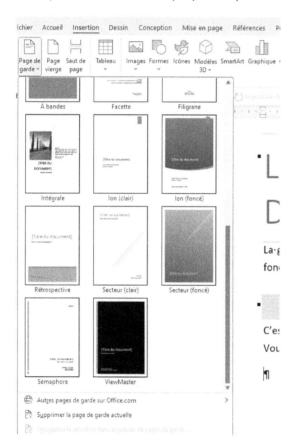

Le ruban insertion possède la commande « page de garde » ou de nombreux modèles se trouvent. En règle générale ils reprennent le nom de l'auteur, la date du jour et peuvent être personnalisés avec un titre et un sous-titre.

Pour créer votre propre page de garde créez un nouveau document, insérez dedans les champs dont vous avez besoin, par exemple la date, l'auteur, le titre et le sous-titre, etc… votre logo puis dans le ruban insertion et dans la commande page de garde utilisez la sous commande « enregistrer la sélection dans la galerie des pages de garde ».

Le sommaire automatique

Il est fortement conseillé dans le cadre d'un document dépassant une dizaine de pages de lui adjoindre un sommaire, soit en début de document soit à la fin.

Dans le ruban « références », la commande « table des matières » permet de générer un sommaire automatique de votre document.

Pour pouvoir utiliser cette fonctionnalité il faut en amont utiliser les « styles » dans votre document. Les styles vont vous permettre de définir vos niveaux de titres de paragraphes ou de parties.

Les styles se trouvent sur le ruban accueil et par défaut vont jusqu'à 9 niveaux de titre.

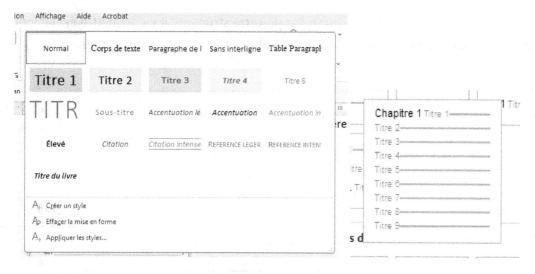

Les styles vont de pair avec le thème que vous avez choisi dans le ruban conception. Ils s'harmonisent avec la police, les couleurs de ce modèle.

Mise en forme du document

Le mode d'affichage « plan » permet de mieux comprendre la structuration du document autour de ces styles de titre.

PUBLIPOSTAGE·OUTILS¶

Le·ruban·publipostage¶

Le·groupe·«°créer°»·¶
- Les·enveloppes·¶
- Les·étiquettes¶

Le·groupe·«°démarrer·la·fusion·et·le·publipostage°»¶
- Démarrer·la·fusion·et·le·publipostage¶
- Sélection·des·destinataires¶
- Modifier·la·liste·des·destinataires°:¶

Le·groupe·«°champs·d'écriture·et·d'insertion¶
- Champs·de·fusion·en·surbrillance¶
- Bloc·adresse¶
- Formule·d'appel¶
- Insérer·un·champ·de·fusion¶
- Règles·¶
  - Demander°·¶
  - Remplir°·¶
  - Si…·alors…·sinon°·¶
  - N°·enregistrement·de·fusion¶
  - N°·séquence·de·fusion¶
  - Enregistrement·suivant¶
  - Suivant·si¶
  - Définir·signet¶
  - Sauter·l'enregistrement·si¶
- Faire·correspondre·les·champs¶
- Mettre·à·jour·les·étiquettes·¶

Le·groupe·«°aperçu·des·résultats°»¶
- ABC¶
- La·navigation·entre·enregistrements¶
- Rechercher·un·destinataire¶

Le sommaire automatique va être une mise en forme de cette structure, il va permettre également de faire apparaitre en bout de ligne les numéros de page affectés à ces différentes parties.

Ici le choix a été fait d'afficher uniquement les titres de niveau 1 et 2, les sous titres de niveau 3 et 4 sont masqués, afin de limiter la taille du sommaire.

Pour insérer le sommaire, une fois les niveaux de titre défini, il faut se positionner soit en début de document après la page de garde soit en fin de document sur la dernière page. Il est possible d'insérer un sommaire automatique avec 2 mises en forme prédéfinies soit d'utiliser la fonction permettant d'insérer un sommaire de façon manuelle ou encore d'utiliser la fonctionnalité pour créer une table des matières personnalisée.

Le sommaire automatique va afficher tous les niveaux de titres utilisés dans le document et va définir la présentation et la mise en forme du document.

La mise en forme manuelle permet de saisir des informations directement dans le sommaire.

La mise en forme personnalisée permet de choisir les niveaux de titres à afficher, le style de notre sommaire.

Exemples

Table des matières automatique (choix 1)

Table des matières automatique (choix 2)

Table des matières manuelle

Table des matières personnalisée

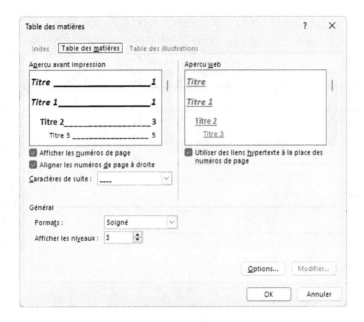

Les paramétrages sont plus pointus :

- Le choix de faire afficher ou non les numéros de page
- Aligner les numéros à droite ou à la fin de chaque titre
- Choisir les pointillés
- Choisir les niveaux de titres affichés
- Choisir une mise en forme parmi un choix de table des matières

Les options :

Pouvoir définir pour chaque niveau de paragraphe s'il s'affiche dans la table des matières et à quel niveau de titre il est affecté

Si vous placez votre sommaire en début de document, la règle est de ne pas numéroter la page de garde, ni le sommaire et de commencer uniquement à la 1ère page du document.

La pagination d'un document long

La numérotation des pages se met par défaut dans les pieds de page ou les entêtes, parfois dans les marges verticales.

La pagination paramétrage

A partir du ruban « insertion » et de la commande « numéro de page ».

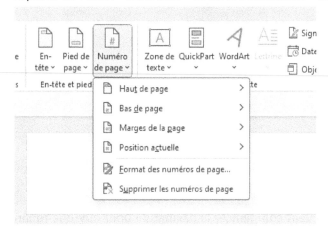

La commande « format des numéros de page » permet de paramétrer la numérotation des pages de votre document.

La liste déroulante vous permet de choisir entre la numérotation traditionnelle 1, 2, 3... une série de lettre A, B, C... une série de chiffres et de symboles -1, -2, -3... etc...

Si vous cochez « inclure le chapitre » et que votre document comprend des titres de niveau 1 vous pouvez adjoindre à votre numérotation le titre de votre partie.

Si dans votre document vous avez des sauts de page, des sauts de section vous pouvez obliger la numérotation à démarrer à un numéro précis ou à poursuivre à la suite de la pagination précédente.

Dans le cas ou votre document comporte une page de garde que vous ne voulez pas paginer vous pouvez démarrer votre numérotation à 0. Et à partir des options dans les entêtes et pieds de page signifier que la 1ère page de votre document soit différente.

Pagination en décalée

Positionnez-vous sur la page précédente à celle ou vous voulez commencer la pagination, en fin de texte. Dans le ruban « Mise en page » avec la commande « Sauts de pages » et la sous commande « Page suivante », vous insérez un saut de section. Cette manipulation rend vos deux parties de documents indépendantes l'une de l'autre.

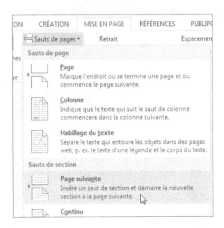

Double-Cliquer sur le bas de page sur laquelle on veut commencer la pagination pour ouvrir le ruban « Entête et pied de page » ou à partir du ruban « insertion » et de la commande « pied de page » et de la sous commande « modifier le pied de page » pour ouvrir le ruban de gestion des entêtes et pieds de page

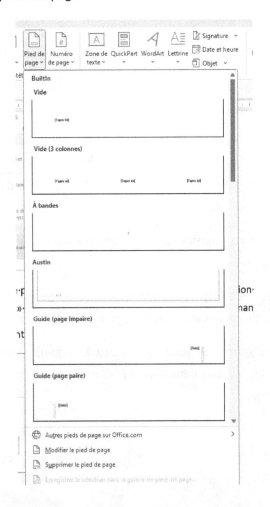

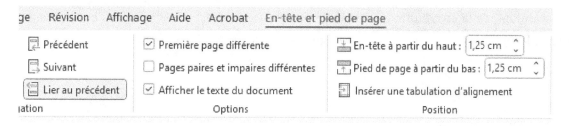

Décocher « Lier au précédent » pour rendre votre nouvelle section indépendante de la section précédente. Insérez votre numéro de page.

Paramétrer la numérotation si celle-ci est inexacte.

La table des illustrations

Si votre document long compte des schémas ou des illustrations en nombre, il est intéressant de lui adjoindre une table des illustrations pour que la lecture et la recherche soient simplifiées pour votre lecteur.

La commande générant une table des illustrations se situe dans le ruban « références ».

1 le bloc légendes

La première étape de la constitution d'une table des illustrations est d'insérer sous chaque image, schéma une légende à partir de la commande « insérer une légende ».

2 paramétrage de la légende

Si vous cochez « exclure le texte de la légende » le mot « figure » disparait reste le chiffre, vous pouvez utiliser les mots se trouvant dans la liste déroulante « texte » ou en créer un nouveau avec la commande « nouveau texte ». La numérotation peut aussi être personnalisée avec la commande « numérotation ».

Une fois toutes vos illustrations référencées vous pouvez générer la table des illustrations à partir de la commande « insérer une table des illustrations », attention à bien vous positionner dans votre document à l'endroit désiré.

Exercices d'application

Exercice 1

Créez un nouveau document, saisissez les phrases suivantes les unes en dessous des autres. Et appliquez sur chacune de ces phrases le niveau de titre indiqué entre parenthèse. Insérez les sauts de page indiqués une fois le texte saisi.

Présentation de l'entreprise Dumontel (titre de niveau 1) *saut de page*

Historique de l'entreprise (titre de niveau 1)

Création (titre de niveau 2)

Développement (titre de niveau 2)

Implantation actuelle (titre de niveau 2) *saut de page*

L'entreprise en chiffres (titre de niveau 1)

Ses marchés (titre de niveau 2)

Ses salariés (titre de niveau 2)

Ses prévisions d'expansion (titre de niveau 2) *saut de page*

Le futur de l'entreprise Dumontel (titre de niveau 1)

Ses nouvelles compétences (titre de niveau 2)

Ses nouvelles implantations (titre de niveau 2)

Ses nouvelles chaines de production (titre de niveau 2)

Ses perspectives de croissance (titre de niveau 2)

En France (titre de niveau 3)

En Europe (titre de niveau 3)

En Asie (titre de niveau 3) *saut de page*

Insérez la numérotation du document en pied de page centré. Insérez une page vierge en début de document et créez sur cette nouvelle page une table des matières personnalisée affichant les titres de niveau 1 et 2, de style soigné. La page sommaire ne doit pas être paginée.

Une fois le sommaire réalisé insérez un saut de page derrière chaque titre de niveau 2 et remettez à jour votre sommaire.

Exercice 1 corrigé

Une fois le texte saisi dans le nouveau document, il faut appliquer les styles de titre à partir du ruban « accueil ».

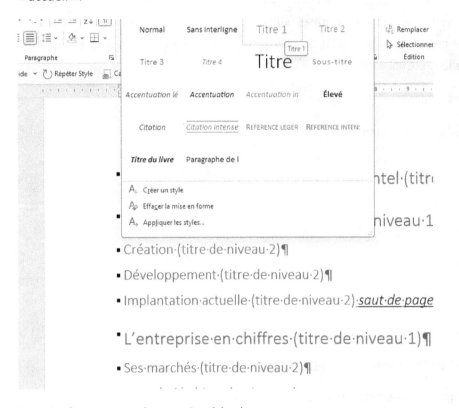

- Création·(titre·de·niveau·2)¶
- Développement·(titre·de·niveau·2)¶
- Implantation·actuelle·(titre·de·niveau·2)·*saut·de·page*
- L'entreprise·en·chiffres·(titre·de·niveau·1)¶
- Ses·marchés·(titre·de·niveau·2)¶

Pour insérer un saut de page 2 méthodes :

1. Avec le ruban « mise en page »

Il faut se positionner après le texte et insérer le saut de page.

2. En raccourci clavier

En se positionnant à la fin du texte et en effectuant la commande au clavier CTRL+Entrée

Le document comporte donc désormais 5 pages.

Pour insérer une page vierge en début de document 2 solutions

1. On se positionne devant le 1er titre sur la page 1 et saut de page
2. A partir du ruban « insertion » en se positionnant devant le 1er titre on insère une « page vierge »

Pour insérer la pagination :

Il faut indiquer à Word que la 1ère page ne fera pas partie de la numérotation.

1. Première solution :
   a. On double clic dans le pied de page le ruban « en-tête et pied de page » s'ouvre
   b. On coche la case « première page différente »
2. Deuxième solution :

a. On insère dans la page un saut de section page suivante

b. On double clic dans le pied de page de la page comportant le 1ᵉʳ titre et on décoche dans le ruban « en-tête et pied de page » lier au précédent.

On se positionne dans le 1ᵉʳ pied de page concerné par la numérotation et à partir du ruban « insertion » ou du ruban « en-tête et pied de page » et de la commande « numéro de page », on insère en bas de page la pagination centrée.

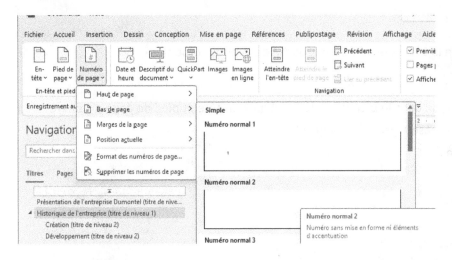

Pour la table des matières, il faut se positionner en haut de la 1ᵉʳᵉ page du document, à partir du ruban « références », de la commande « table des matières » et de la sous commande « table des matières personnalisée » pour paramétrer la table.

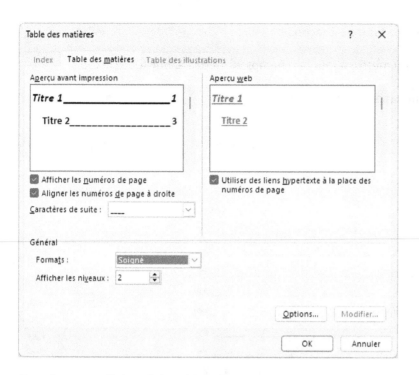

Ce qui permet d'obtenir la table suivante

·· Saut de section (continu) ··

L'insertion de nouveaux sauts de page augmente le nombre de pages du document.

La remise à jour du sommaire peut se faire de 2 façons :

Un clic droit sur le sommaire mettre à jour les champs et mettre à jour toute la table

Ruban « références » commande « mettre à jour la table »

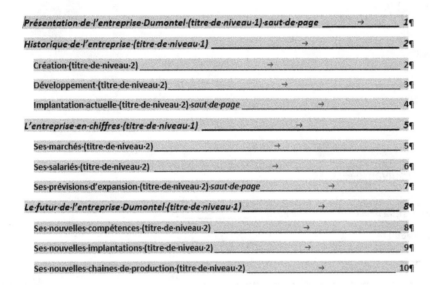

Exercice 2

Reprenons l'exercice précédent et insérons des images/icones dans le document sous le titre présentation, historique, chiffres et futur.

Puis insérons une légende pour chaque image

1. Logo
2. Photo de la 1ère usine
3. Bilan de la dernière décennie
4. Projections

Créez sur la dernière page du document une table des illustrations.

Exercice 2 corrigé

A partir du ruban « références » et de la commande « insérer une légende » insérer pour chaque image sa légende.

• Présentation·de·l'entreprise·Dumontel·(titre·de·niveau·1)·*saut·de·page*¶

¶

1Logo|¶

Une fois les 4 images légendées, à partir du ruban « références » et de la commande « insérer une table des illustrations », insérer votre table sur la dernière page du document.

¶